Imaginar o amanhã
Ensaios e crônicas

Abrão Slavutzky
Edson Luiz André de Sousa

Imaginar o amanhã
Ensaios e crônicas

© Abrão Slavutzky, Edson Luiz André de Sousa, 2021

Editores
Denise Nunes
Lívia Araújo
Flávio Ilha

Projeto gráfico/editoração
Studio I

Capa
Alice Tessler

Ilustração da capa
George Peters/Getty Images

Revisão
Mônica Chagas

Grafia atualizada segundo o Acordo Ortográfico da Língua Portuguesa de 1990, que entrou em vigor no Brasil em 2009.

Dados Internacionais de Catalogação na Publicação (CIP) de acordo com ISBD
Odilio Hilario Moreira Junior - CRB 8/9949
—
S63li Slavutzky, Abrão
Imaginar o amanhã: ensaios e crônicas/Abrão Slavutzky, Edson Luiz André de Sousa
Porto Alegre - RS : Diadorim Editora, 2021
216 p.; 14 cm x 21 cm
ISBN 978-65-995463-5-8
1. Literatura brasileira. 2. Crônicas. I. Sousa, Edson Luiz André de. II. Título.
CDD 869.89928
CDU 821.134.3(81)-94
2021-3764
—
Índice para catálogo sistemático
1. Literatura brasileira : Crônicas 869.89928
2. Literatura brasileira : Crônicas 821.134.3(81)-94

Todos os direitos desta edição reservados à

www.diadorimeditora.com.br

*Sou eternamente náufraga, mas os fundos
oceanos não me amedrontam e nem me
imobilizam. Uma paixão profunda é a boia
que me emerge*

CONCEIÇÃO EVARISTO

APRESENTAÇÃO

Abrão Slavutzky
Edson Luiz André de Sousa

Imaginar é um ato de coragem, que nos coloca em movimento, instaura espaços de revolta e de esperança abrindo mundos até então desconhecidos. Imaginar o amanhã é trazer o passado para o presente, unindo experiências para pensar o futuro.

Um provérbio turco diz que as noites estão grávidas e ninguém sabe o dia que nascerá. Portanto, imaginar não é adivinhar, mas é abrir as portas das fantasias criativas que sonham com novos caminhos. Esta potência de criar encontramos nas crianças e na experiência do brincar, pois ali muitos mundos se desenham a partir da imaginação infantil. Freud chamou atenção de que a criança, ao brincar, experimenta o fundamento mesmo do ato criativo, pois tem a liberdade de fazer com que uma coisa se transforme em outra coisa. Em um texto de 1908, *O poeta e o fantasiar*, Freud propõe que toda criança brincando se comporta como um poeta, na medida em que cria seu próprio mundo.

Tem sido um desafio, nestes últimos tempos, imaginar um amanhã em um cenário de tanta destruição no nosso país. Para centenas de milhares de pessoas que morreram devido à pandemia, não haverá um amanhã. Tempos de desertos de linguagem, de desamparo, de luto, de incertezas quanto ao futuro. Precisamos estar juntos para fazer essa travessia, pois um deserto não se atravessa sozinho. É hora também de fazer registro dessa história, ocupar o lugar da testemunha, dar corpo a tantas vozes que silenciaram para que possamos reconstruir a nação ferida.

Nosso amanhã tem se apresentado como um labirinto, onde toda saída é uma nova entrada. Hoje enfrentamos os labirintos da pandemia, em que minotauros disfarçados de governantes favorecem as contaminações pelo vírus. O desamparo cresce diante de tantas ameaças e nosso desafio é encontrar os horizontes que nos tragam vida e recuperem os princípios de um humanismo que, como sabemos, é

IMAGINAR O AMANHÃ

fundamental para o futuro de nosso laço social.

A imaginação oferece às pessoas consolo por aquilo que não podem ser e humor por aquilo que efetivamente são, escreveu Albert Camus. Muito da alegria e da arte de viver está tanto no sentido de humor como na capacidade de sonhar, e este livro surge como um convite a imaginar o amanhã. Nos campos de concentração e de extermínio, os presos relatavam sonhos onde estavam livres e assim resistiram à crueldade cotidiana. Aqui os negros, durante os séculos de escravização, podiam dançar, cantar e contar histórias do passado às noites, e assim ativar forças para lutar pela liberdade. Aliás, o racismo brasileiro infelizmente ainda continua vivo, ele é estrutural, portanto somos todos responsáveis pelo enfrentamento de práticas discriminatórias na luta antirracista.

Eduardo Galeano escreveu que, um dia, ao ver uma cigana se aproximar para ler sua mão e ver seu destino, disse: "Vou pagá-la, mas não quero saber meu futuro." Galeano exalta a incerteza, a surpresa e a utopia, não como um caminho para chegar, mas um horizonte para nos colocar em movimento. Nossa aposta é na abertura de espaços para habitar a palavra, pois é ela que pode propor novos futuros. A palavra tem essa potência quando surpreende quem a enuncia e o faz ver, pensar o que até então lhe era invisível, impensável. É como um salto no desconhecido, que abre ao sujeito a possibilidade de sonhar com outro mundo possível.

Ernst Bloch, um dos pensadores da utopia, vê na esperança um sopro que aposta no novo, reagindo à repetição. Diante do futuro, são muitas as sensações: angústia, medo, desespero. Mas também a esperança, que não cede a última palavra ao fracasso. É somente nela, portanto, que as mudanças são possíveis. Onde não se pode mais nada e onde nada mais é possível, a vida parou. Nesse sentido, a psicanálise abre espaço para a experiência de narrar a vida a outros, nos conectando com uma linguagem que desconhecemos: o inconsciente. É dali que uma nova força surge, na medida em que podemos conviver com o estrangeiro de nós mesmos.

Este livro reúne ensaios escritos ao longo de anos, fruto também de conversas e de amizades que costuramos no campo da psicanálise e da cultura. Muitos textos foram escritos durante a terrível pandemia de Covid- 19. Aliás, esta pandemia abriu novas feridas, nunca cicatrizadas, da história de nosso país, escancarando a cruel desigualdade social. Foram escritos no calor dos acontecimentos, em uma tentativa de colocar palavras num cenário de destruição. Uma aposta na ideia de que o futuro depende do esforço de nomear o inominável deste traumático momento histórico.

É um convite à deriva de imaginar outras navegações. Apostamos na lógica do ensaio, sem abrir mão da experimentação, do risco e da surpresa. Nosso desejo é que o livro abra um mar de linguagem e convide o leitor ao desafio de, juntos, imaginarmos o amanhã.

As políticas da amizade ou
A imaginação no poder

PAULO ENDO

Dois amigos celebram a amizade com um livro escrito a quatro mãos em tempos de destruição. Tudo o que nele há celebra um futuro que talvez não aconteça, mas as vozes do amanhã retumbam em cada página.

Em meio às tempestades, constatamos que algumas e alguns nos são essenciais em tempos de crise. São aqueles e aquelas com os/as quais imaginamos o amanhã nutridos pelo espírito solidário que aparece nas horas escuras. Não o amanhã que tece figuras do pensamento ou se alegra em emergir logo que a luz do sol alumbra no horizonte. Esse amanhã se impõe, é inexorável e nunca nos faltará. Trata-se do amanhã que se subtrai, sem nesga de luz, diante de um devir que nos parece impossível e turvo: o amanhã dos sorrisos largos, dos horizontes largos, das vestes largas e da largueza de abraços que se amontoam para celebrar lutas, antes inglórias.

Hemingway, em *Adeus às armas*, insistiu no quanto quem luta ao nosso lado nas trincheiras é mais importante que a própria guerra. Sim, porque sem esses parceiros ímpares, preocupados e atentos, é sempre mais penoso seguir adiante; sempre demasiado soturno e solitário caminhar no escuro; sempre hesitantes e graves os flagelos que teremos de enfrentar. O amigo é a garantia do propósito e a certeza da desventura que, talvez, sem ele/a jamais ousássemos. Nem sempre ele/a perfaz realidades, muitas vezes apenas as observa e as deixa ocorrer amparando e torcendo, como quem cuida e abandona.

Este é um livro de dois amigos que quiseram por bem concebê-lo em meio à catástrofe brasileira iniciada em 2019; a ela se seguiu a pandemia e tudo o que já vimos, vivemos e sabemos sobre ela e a imensidão do que ignoramos. Tudo isso nos faria cabisbaixos.

Contudo, não é um livro cabisbaixo; é uma obra de cabeça erguida e olhos atentos. Pensa como admoestação. Retoma temas esquecidos, desconfortáveis, e assevera no catastrófico a catástrofe, não foge dela, não a escamoteia, não a estiliza e nem a metaforiza.

Composto por pensamentos repletos de alertas, este livro é uma placa de atenção ante os abismos. Frases curtas, textos ligeiros, imagens rápidas.

• Ei, esqueceu da sede da OBAN em São Paulo, que ainda custa a tornar-se memorial e revela um passado que insiste e persiste?

• Ops, esqueceram os flagelos psíquicos dos que ainda dormem sob a sombra de Auschwitz e dos campos?

• Desculpem interromper, mas por acaso distraíram-se de que estamos sob o pior (des)governo do mundo?

• Oi, se lembram que ontem a Amazônia queimava, o Museu Nacional queimava, a cinemateca queimava?

Como insistem os autores: *"A terra queima, nossos pés queimam, nossa memória queima, nosso futuro queima."* Mas o país ainda não está em chamas e carece de contrafogos.

A presente coletânea desses dois amigos não atropela, não apela, não faz alarde. Convida, pela mão, a retornar a temas (des)conhecidos, mal sabidos e esquecidos; temas mal pensados e cingidos por mal-estar. Os autores, contudo, são boa companhia e bons parceiros do/a leitor/a, cortejam também a amizade entre quem lê e quem escreve. Almejam a proximidade da crônica, a presença sincera de quem compartilha as mesmas dúvidas e inquietações, mas aspiram a rever o mundo para, quem sabe nessa torção, e voltando aos mesmos lugares, enxergá-lo melhor.

Não são intérpretes do porvir. Seu objeto não é o recalcado, o reprimido, o denegado, mas trabalham para repassar a crônica de vidas que não são mais possíveis porque alguns – e não são poucos – deliberadamente desejaram oferecer-se como esteio por onde a pulsão de morte escoa e se transmite em escala. Nossos autores pensam, apesar dos fanáticos da autocomiseração, da palavra muda e do fim do pensamento; esses que são vítimas das armas e dos motores que empunham e de onde acreditam extrair alguma pusilânime virilidade.

Lembrei-me da potente imagem de Patrício Guzmán, em seu filme *Nostalgia da luz*, que revela a história de presos políticos durante o regime de Augusto Pinochet, encarcerados na prisão de Chacabuco e que, no meio do deserto do Atacama, aspiravam observar estrelas. Lá, no meio do deserto, onde se abre o céu mais limpo do mundo, devido à ausência quase completa de umidade do ar, os companheiros construíram com sucata um telescópio e, na calada da noite, exerciam o ato proibido de observar as estrelas, até o momento em que foram flagrados pelos carcereiros. Mudar o mundo é atributo daqueles que contemplam o universo. Por isso, uma das hipóteses etimológicas da palavra "considerar" vem da raiz latina das palavras "con-sidus" (junto-estrela). Siderar junto é pensar com o universo.

A infinidade de tantas imagens inspiradoras, a remissão profusa a obras, anedotas e pensamentos servem a Edson e Abrão também de esteio, como para dizer que houve muitos, antes deles, que pensaram o amanhã apenas porque souberam suportar o hoje. Há muitos que o fazem agora e em toda parte e, certamente, haverá outros que o farão por nós no futuro. Mas tudo indica que o tempo do amanhã é agora, imediatamente e sem demoras.

Há urgência na escrita de Edson e Abrão. Os tempos nos calam o coração. A pena que corre sozinha quer se antecipar, nomeando o que não tem nome, mas terá, precisa ter. Como canta Chico César: *Se números frios não tocam a gente, espero que nomes consigam tocar*. Que sejamos nós a batizar a crueza antes que cheguem os clichês totalitários, ensurdecedores, bajuladores e inertes. Vamos inventar antes o amanhã, para que repouse sobre ele a sombra dos que ousaram sonhar.

Semanas atrás, eu refletia sobre as razões que nos levam a compreender o suicídio daqueles que decidiram pôr fim à própria vida, após terem vivido experiências liminares. Um enigma que nos embaraça, constrange e desencoraja o pensamento. Imaginamos razões nobres, outras vergonhosas e outras ordinárias e prosaicas. A grande razão do suicídio, se houver, se foi com o suicida. Entretanto, pouco pensamos naqueles que decidiram prosseguir; pouco refletimos em suas razões, inspirações, motivações e desejos. Pareceria não haver enigma algum no ato de decidir viver e seguir vivendo, mas há.

A frase já tornada célebre da poeta brasileira condensa essa questão. Diz Conceição Evaristo: *Eles combinaram de nos matar, mas nós combinamos de não morrer*. Não morrer é um belíssimo mote para viver. Perdurar sustentado pelos sentidos que encabeçam todas as dores que ainda não cessaram.

Hoje, em meio à mortandade, seria preciso combinar continuadamente: não vamos morrer. Ou, ainda mais enfaticamente, como repetiu Belchior em seu belo refrão: *Tenho chorado demais, tenho sangrado pra cachorro. Ano passado eu morri, mas esse ano eu não morro.*

A persistência que forja os sonhos, que sustenta o despertar, que reanima os anseios é a mesma que irrompe em oposição à morte, que se impõe aos outros quando somos assolados pela indiferença pública.

Nunca assumiram o palco de forma tão explícita o desejo de morte e o desejo de viver no horizonte que a morte enseja. A torpeza do atual governante do Brasil é precisamente ignorar que a morte é o esteio onde vidas se abrem, surgem e se criam. A morte não é um fragmento solto que se recorta e se lança para fora da história. Ela ordena um ciclo, e quebrar esse ciclo administrando uma morte em si, descontextualizada, imotivada e abrupta, levou o dedo do Furher a puxar o gatilho e estourar seus próprios miolos.

Eis aí a covardia daquele que comete atrocidades, mas jamais enfrenta a menor responsabilidade pelo devir. Lembro-me de imaginar, diante dos crematórios semidestruídos no campo de extermínio de Birkenau, na Cracóvia, os soldados alemães tropeçando nos próprios cadarços para destruir a maior prova de seus crimes, ante a iminência da vitória dos aliados. A brutalidade encena o ridículo, mas jamais provocará risos. Ela se subtrai ou se ausenta. O enfrentamento, a coragem, são patrimônio dos vivos.

Hoje o teatro da covardia é encenado todos os dias, com uma criatura indiferente a todos esbravejando ruídos protegido por aduladores num cercadinho em frente ao Palácio da Alvorada, em Brasília: um moribundo falando para outros/as moribundos/as; um governo insular, desconectado, trôpego mas que, enquanto perdurar, trabalhará para centrifugar milhões de vidas brasileiras com o único e flagrante intento de manter-se no comando de um país inteiro para matar, queimar, destruir e ridicularizar. Em tempos nefastos, viver se constitui como tarefa, e a solidariedade de fazer viver redobra seu sentido.

Numa bela imagem de Margaret Mead, destacada pelos autores, somos lembrados de que ela indicava, como a marca primeira da civilização, a cicatriz encontrada num osso humano de um fêmur quebrado. Isso porque alguém que tivesse o fêmur fraturado não poderia caçar, fugir, se deslocar; certamente, morreria. O fêmur recuperado era o sinal de que alguém cuidou, vigiou e aguardou a recuperação daquela mulher ou homem e lhe permitiu viver, e a salvo. Algum presença amiga salvaguardou aquela vida. A cicatriz no fêmur é a marca de que a amizade passou por ali. Este livro é, por sua vez, um curativo. Edson e Abrão querem imaginar o amanhã, mas é próprio da amizade a celebração da diversidade que o/a leitor/a, com o livro em mãos, fará realizar.

Saudações a esse belo e importante livro escrito pelas tintas da amizade, da indignação e da esperança que preparam as realizações compartilhadas, porque públicas, que o tempo há de consagrar. Com *raiva e paciência*, como nos alertou uma vez Hans Magnus Enzensberger.

SUMÁRIO

I – Acordes iniciais – a função do despertar
Atravessar desertos 18
Devastação 24
Segredos dos labirintos 26
Ler as cinzas: trauma, memória e esperança 32

II – Pandemia – uma travessia traumática
Angústia e desamparo 44
Solidariedade 46
Impulso de destruição 48
Por quem os sinos dobram 50
O novo ovo da serpente 52
Tecidos da vida 54
Copacabana, praia de memórias 56
As vacinas que precisamos 60
Um descanso da loucura 62

III – Ficções rebeldes
Ficções rebeldes – trilhas, ilhas, agulhas 64
Função: Estamira 71
Eu sou uma pergunta 77
O poema de cada um 79
Ainda assim me levanto 81

IV – As chagas que nos assombram
Humilhação 83
O bode expiatório brasileiro 85
Viver os sonhos 87
Brasil – uma ferida na memória 89

V – Violências e suas raízes

Raízes do ódio	97
A festa do ódio	99
Sutilezas do nazismo	102
Um cachorro no campo de concentração	104
A bailarina de Auschwitz	106
Um sábio em Auschwitz	108
Agulhas para desativar bombas	110

VI – Arte – quando os atos se tornam formas

A melodia das coisas – diálogos possíveis entre Evgen Bavcar e Oscar Muñoz	119
Um mar sem margens – a geografia utópica de Luis Guides	126
O poeta vive	135
O coração do mundo	137
O poder da astúcia	139
Últimas palavras	141

VII – Humor e esperança

O humor desafia o desamparo	143
A dança da esperança	145
O humor e seus múltiplos avessos	147

VIII – Amores, paixões, (in)sertões

O insertão	152
Três perguntas	162
As três paixões	164
O leitor de Tchekhov	166
Os problemas do amor	168

IX – A escuta da psicanálise – a dor é de pedra

Conversas que mudam a vida	170
A dor é de pedra	172
Amigos de si mesmo	174
Tristeza	176

Construção de sentido	179
Conflitos	181
Frustrações	183
Vivendo em verso e prosa	185
Da tristeza ao riso	187
Separações	190
Lágrimas das depressões	192
Nossos mortos vivem em nós	194
Queixite	196
Felicidade, brevemente	198
Sonhar juntos para não naufragar	206

I – Acordes Iniciais – A função do despertar

Atravessar Desertos –Psicanálise e utopia

Meu poema é minha faca
PAUL CELAN

O que é um rebelde? Um sujeito que diz NÃO, mas cuja recusa não implica renúncia
ALBERT CAMUS

São muitos os desertos que atravessamos nos últimos anos em nosso país. O coranavírus escancarou ainda mais a outra epidemia que vivemos: o desamparo diante de uma política de governo que virou as costas para os princípios fundamentais do pacto social, como respeito à diversidade e o cuidado com a saúde. As centenas de milhares de mortes pela pandemia vão ficar como uma marca trágica de um tempo em que testemunhamos um cenário de desesperança, de angústia e de dor. Foram muitas as destruições: das nossas florestas, com incêndios criminosos, ao ataque às universidades públicas e à cultura, tentando fazer silenciar as vozes que pensam diferente. As cenas desesperadoras que presenciamos em janeiro de 2021, com a falta de oxigênio em Manaus para os pacientes internados em hospitais, é talvez uma das imagens mais emblemáticas desta asfixia, de um tempo que não nos deixou respirar.

Um deserto não se atravessa sozinho. Diante desses cenários que tentam nos inundar de paralisia e conformismo, anestesiando o que temos de mais precioso, ou seja, nosso direito à revolta, nossa potência de desejar, nosso dever para com nossa imaginação, é sempre importante evocar o que nos lembra Ernst Bloch em sua trilogia *O Princípio Esperança*, quando tenta discorrer sobre a função das utopias na história da humanidade: "A consciência utópica quer enxergar bem longe, mas, no fundo, apenas para atravessar a escuridão bem próxima do instante que acabou de ser vivido, em que todo o devir está à deriva e oculto de si mesmo. Em outras palavras, escreve ele, necessitamos de um telescópio mais potente, o da consciência utópica afiada, para atravessar justamente a proximidade mais imediata, assim como para atravessar o imediatismo mais imediato".[1]

Vamos então nos aproximar deste deserto e colocar o pé em seus contornos e esboçar uma travessia possível. Jorge Luis Borges, em seu texto *O deserto do Saara*, dá o tom de uma estratégia possível para esse percurso. Escreve ele: "A uns trezentos ou quatrocentos metros da Pirâmide me inclinei, peguei um punhado de areia, deixei-o cair silenciosamente um pouco mais longe e disse em voz baixa: estou modificando o Saara. O fato era mínimo, mas essas palavras pouco engenhosas eram exatas e pensei que havia sido necessária toda minha vida para que eu pudesse dizê-las. A memória daquele momento é uma das mais significativas de minha estada no Egito."[2]

Esse punhado de areia nas mãos é uma resposta possível à provocação do poeta T.S. Eliot em seu poema The Love Song of J. Alfred Prufrock, onde nos lança a pergunta: "Ousarei eu perturbar o universo?" O desafio aqui diz respeito às estratégias possíveis de desfazer as formas totalitárias, abrindo rasgos nos territórios que se apresentam como imagens absolutas, prescritivas, definitivas. O punhado de areia nas mãos é uma metáfora potente do ato analítico, do ato criativo, do ato poético. Perturbar o universo, nesse sentido, é escrever um nome próprio nos regulamentos anônimos, marcar uma diferença nas monocromias das prescrições, rasgar mapas e, assim, construir seu próprio percurso, afirmar uma posição singular. De uma maneira bem simples, o que vemos neste fragmento é um pensamento sobre a responsabilidade diante de um ato que faça diferença, ou seja, fundar um lugar de autoria, de protagonismo diante dos desertos da história. A passividade anda de mãos dadas com a tristeza, que nos joga para fora da história como o bagaço da fruta, e nesse ponto a tristeza é acreditar que há alguém que pensa por nós, que faz por nós e, ainda pior, que vive por nós. Não se trata aqui da ingenuidade de um otimismo estéril, arma potente desses mecanismos de controle que nos apresentam esperanças que Bloch nomeia como fraudulentas.

---

1 Bloch, Ernst. *O Princípio Esperança*. Editora Contraponto, UERJ, 2005, p. 23.
2 Borges, Jorge Luis. *Atlas*. Companhia das Letras, São Paulo, 2010.

O que entendo por deserto? Aqui vou inverter a definição do senso comum que tende a pensar desertos como metáfora de um lugar onde faltam mapas, espaços que se abrem à deriva, ao incerto, ao vazio, sem contornos, sem medida, desconhecido, incerto. Penso desertos em outro sentido, ou seja, desertos como lugares totalitários, onde as imagens se apresentam como imperativas, onde os caminhos já estão exaustivamente indicados, repleto de prescrições, regulamentos, onde não há espaço para o inédito, para o fora de lugar, para o desvio, para a deriva. Em outras palavras, penso o deserto como os espaços onde não conseguimos fundar um lugar em que nos sentimos efetivamente autores, ou sujeitos, recuperando algum protagonismo em nossa história. Não é este o compromisso ético da prática psicanalítica?

Como cruzar por dentro de imagens que se impõem? Como recortar esses espaços de certezas e prescrições para fundar um lugar? Fatiar a totalidade em um ato de resistência. Todo ato de resistência supõe uma arte, lembra Georges Didi-Huberman, e aqui a ideia de arte aparece como um dispositivo de ficcionalização, buscando as imagens ainda não disponíveis. É com ela que podemos refundar origens, inverter lógicas de funcionamento, recusar instruções, recuperar uma dimensão da incerteza e da imaginação. Por isso que a psicanálise está, ou deveria estar, tão perto da arte, pois a radicalidade do que chamamos de ATO (como corte dessas superfícies continuas) está sempre em pauta, nos ajudando a recuperar uma dimensão da incerteza e da imaginação. Jacques Lacan abre seu seminário do Ato analítico aproximando o ato analítico do ato poético.

Lucio Fontana, artista italiano, faz cortes em telas monocromáticas, em um esforço de esburacamento e fundação de uma nova geografia. Michelangelo Pistoletto, também artista italiano da arte povera, realiza performances quebrando grandes espelhos. Assim desenha seus próprios espelhos com as rachaduras que obtêm do seu gesto, quebrando a fascinação do duplo, injetando desordem na imagem. E que me faz lembrar uma proposição lúcida de Herman Melville em seu Moby Dick, onde escreve em determinado momento "Há certas empreitadas em que uma desordem cuidadosa é o método mais eficaz". [3]

Um dos trabalhos emblemáticos da arte brasileira contemporânea é, sem dúvida, a bandeira proposta por Hélio Oiticica, que reproduz a imagem do bandido "cara de cavalo", morto com dezenas de tiros pela

---

3 MELVILLE, Herman. *Moby Dick.* Cosac Naify, São Paulo 2008.

polícia do Rio de Janeiro. Trago esta cena como um paradigma do que temos vivido diariamente e lembrando o que disse Maria Rita Kehl em um encontro de psicanálise em Porto Alegre [4], quando afirmou que a polícia brasileira continua matando e torturando, hoje, tanto quanto, ou ainda mais, do que na época da ditadura. Que mecanismos são estes que a sociedade brasileira ainda tolera e sustenta?

Abaixo da imagem do corpo estendido, Hélio Oiticica escreveu "Seja marginal, seja herói". Esta frase acabou sendo um dos slogans mais conhecidos de sua obra, pois indica a posição clara deste artista ao refletir sobre tudo aquilo que está na margem, no fora de eixo, evocando as histórias que ainda não foram lidas. Seu trabalho plástico vem à luz como uma espécie de aviso de incêndio no sentido mesmo do que Walter Benjamin escreve no texto com este mesmo título: "É preciso cortar a mecha que queima antes que a faísca chegue no dinamite". [5] O ato de criação surge, neste contexto, como um grito utópico, indicando que pode haver, eventualmente, outro destino que não o da explosão mortífera. Contudo, estes avisos nem sempre são escutados e o fogo chega antes que a esperança.

O que é mais catastrófico é quando não temos a coragem de ir ler o texto das cinzas. Sabemos que há mecanismos sociais e psíquicos potentes que tentam barrar este caminho e que precisam ser considerados se quisermos entender um pouco das razões da covardia e obscurantismo de um determinado tempo. Acredito ser este um caminho promissor para reagir contra a violência que nos paralisa. Vale aqui lembrar, por exemplo, as reflexões de Jean Nabert em seu ensaio sobre o mal. "Sem dúvida uma certa esterilização das lembranças, somado ao apagamento ou atenuação das reverberações emocionais de nossos atos, favorece a produção de um momento onde o passado mais pesado parece se separar do eu." [6]

Neste ponto preciso vemos o quanto o campo da psicanálise desdobra sua vertente política uma vez que o enunciado de Nabert retoma teses que encontramos quase literalmente em Sigmund Freud e

---

4 Encontro do seminário Clínicas do Testemunho, no Centro Cultural Erico Verissimo, em Porto Alegre, em 28 de outubro de 2016.
5 BENJAMIN, Walter. *Sens Unique, Les Lettres Nouvelles*. Maurice Nadeau, Paris, 1988.
6 NABERT, Jean. *Essai sur le mal*. Cerf, Paris, 2001, p. 138.

em Karl Marx. Aqui, os conceitos de recalque e alienação surgem como pequenos microscópios para o bacilo oportunista. Por sorte, a história não pode se esquivar totalmente dos efeitos do retorno do recalcado.

Será que esta bandeira do Oiticica já virou cinza? O que ainda nos resta? A única resposta possível talvez seja a de Pierre Naville e que se tornou célebre na pluma de Walter Benjamin. Segundo eles, nossa missão seria a de organizar o pessimismo. Walter Benjamin é explícito ao dizer que organizar o pessimismo significa descobrir um espaço de imagens no campo da conduta política (política da imagem). É curioso que o texto de Naville, " A revolução e os intelectuais", escrito no final dos anos 1920 vai justamente desenhar o panorama de violência e obscurantismo de uma Europa marcada pela tirania stalinista e ascensão do nazismo. A questão disparadora do texto, contudo, é uma defesa feroz do surrealismo contra todas as críticas a esta revolução artística. O texto de Naville é de uma atualidade impressionante.

Naville defende a ideia de um pessimismo responsável e consequente, indicando que a desesperança pode cumprir uma função importante no cenário político. Faz uma certa crítica à esperança ingênua associada, segundo ele, aos aspectos medíocres de uma época. Neste sentido, podemos dizer que Naville propõe um pessimismo ativo e que precisa encontrar seu prumo. "É preciso organizar o pessimismo, ou melhor, já que não se trata de submeter-se a um chamado, é preciso deixar que ele se organize."[7] O desafio colocado em cena seria o da necessária resistência ao que ele nomeia como tirania do futuro. Contudo, a questão que fica é justamente a de saber como é possível injetar potência utópica na desesperança. O caminho não é simples, mas certamente a única saída é poder narrar e testemunhar ao mundo este afeto. Em outras palavras, verter em linguagem o que experienciamos. Assim, algumas imagens potentes talvez possam surgir ajudando a ver e entender melhor o que vivemos. Charlotte Beradt, por exemplo, entre 1933 e 1939 recolheu inúmeros sonhos de angústias de centenas de pessoas que, como ela, eram acossadas todas as noites por fortes pesadelos. Estes textos constituem um documento psíquico de um tempo traumático de totalitarismo. Aqui temos uma indicação preciosa de um pessimismo que não silencia e que reage à catástrofe

---

7 NAVILLE, Pierre. *La revolution et les intellectuels*. Gallimard, Paris, 1975, p. 117.

do continuum da história. Pessimismos, portanto, inquietos, críticos, criativos. Como escreve Naville, "vemos que este pessimismo não é a fadiga, e não é tampouco o abandono, longe disto... O desespero é uma paixão virulenta. Ele se nutre de desejos dilatados e profundos. Ele coloca à prova a paciência."[8]

Temos vividos tempos difíceis em nosso país, especialmente nestes últimos anos. A lógica do poder sufoca a todos quando quer impor suas certezas com violência, tentando silenciar os espaços de crítica. Este é o deserto que precisamos atravessar. Nestas horas, sempre lembro do documentário Estamira, de Marcos Prado. Estamira, no meio do lixão do aterro sanitário do Jardim Gramacho, pensava a lógica do poder com tanta lucidez que a considero um dos testemunhos mais contundentes de nosso tempo: falava do "trocadilho", dos espertos ao contrário, estratégias de submeter os outros a suas lógicas de poder e certeza. Com que autoridade, indignação, consistência conduz sua fala! Estamira apresenta seu testemunho ensaiando uma reinvenção da linguagem, mesmo enredada em seu sofrimento e perturbação. Vejo nela uma imagem possível da utopia ao recuperar a linguagem como invenção. (ES)

---

8 NAVILLE, Pierre. *La revolution et les intellectuels*. Gallimard, Paris, 1975, p. 113.

Devastação

A rua Caju, no bairro Petrópolis, tem uma só quadra. Entretanto, é uma rua movimentada, pois nela está um centro espírita. Nos idos de oitenta do século passado era uma modesta casa de madeira verde. Na frente da casa, na calçada, tinha duas caixas de correspondência. Numa estava escrito "cartas aos vivos", e na outra, "cartas aos mortos". Todo dia eu passava pela rua Caju e lá estavam as caixas chamando cartas. Imaginei um dia escrevendo uma carta a um morto... e vindo uma resposta. Pela via das dúvidas, nunca coloquei carta naquela caixa. Um dia, estimulado pela ideia de carta aos mortos, escrevi uma à minha avó, a Bobe, mas não enviei. A experiência de escrever me fez bem, pois revivi o amparo que ela me dava. Cresci nos braços fortes dela, que foi lustradora dos primeiros móveis que meu avô fez. Hoje gostaria de escrever uma carta ao Marechal Rondon, pois sempre escutei que ele foi um importante sertanista e engenheiro.

Marechal Cândido Mariano da Silva Rondon (1865-1958)

Desde criança, Marechal, escuto seu nome e vi suas fotos na Amazônia com os índios. Li sobre seu apoio à criação do Parque Nacional do Xingu e da sua defesa aos índios e à natureza. A partir das fotos e do que as professoras de História do Brasil ensinaram, nunca tive dúvidas de que as Forças Armadas também protegem os índios e a Amazônia. Mas não é que, agora, Marechal Rondon, há fotos de uma destruição acelerada da natureza. Calcula-se em um bilhão de árvores cortadas na Amazônia no último ano (considerando 1.500 árvores por hectare). A floresta perdeu 7.900 km2 por causa do desmatamento ilegal (foram 987 mil campos de futebol, ou então cinco vezes a cidade de São Paulo). Será verdade que o atual governo está destruindo boa parte da Amazônia e permitindo que os índios sejam assassinados? Marechal Rondon, será que poderia conversar com seus colegas, com a silenciosa Justiça brasileira, e com a grande mídia, para protegerem a Amazônia como o Marechal fez? Não quero incomodar o seu justo descanso, mas sua presença está fazendo falta. Obrigado pela atenção.

A ficção vive da imaginação, assim como o sonho, o sexo, as brincadeiras. Há um verso no Purgatório da "Divina Comédia": "Chove dentro da alta fantasia". Logo, a fantasia, o sonho, a imaginação, é um lugar dentro do qual chove. Precisamos tanto da imaginação como do conhecimento. Sugiro que se conheça o filme "Ser Tão Velho Cerrado", documentário de André D'Elia que está disponível na internet. Há uma destruição assustadora desse ecossistema. Uma destruição da natureza para beneficiar uma minoria ínfima, em prejuízo de milhões de pessoas e do clima no Cerrado. Não sei, mas é de se pensar se o país todo não está diante da maior loucura de sua história. Já li colegas psiquiatras e psicanalistas diagnosticando uma psicopatia das autoridades no seu afã de destruir e mentir que nada está ocorrendo. Torço para estar errado, torço que tudo seja só imaginação, mas receio que possa ser ainda pior na realidade.

Em tempos assim pode ser útil uma história narrada por um jornalista português. Ele visitou a cidade de Andulo, no sul de Angola, que havia sido bombardeada por semanas. E soube que, durante o bombardeio, um jardineiro tinha cuidado de um Jardim Botânico no centro na cidade. O jornalista conversou com o jardineiro e perguntou por que havia se arriscado no meio da guerra. O homem olhou espantado para o jornalista e disse: "Não havia mais ninguém para tratar das flores. Se eu não fosse trabalhar, as plantas todas teriam morrido".

"Quase todos os grandes heróis que conheci", concluiu o jornalista, "eram pessoas comuns, assim como os monstros. Pessoas comuns tendem a revelar sua verdadeira alma – heroica ou monstruosa – naqueles momentos em que o Estado se distrai, colapsa ou assume um perfil totalitário."

Imagino que um dia virão turistas ao Brasil para ver a maior devastação mundial da maior das florestas que é a Amazônia. E, então, perguntarão como foi possível matar tanto a mãe Terra, bem como os índios, seus primeiros habitantes. (AS)

Segredos dos labirintos

Um dos espelhos em que a condição humana se contempla é o labirinto, que os nômades já conheciam. Há uma tendência para pensar que o labirinto tem uma saída, mas toda saída envolve a entrada em um novo labirinto. Hoje o mundo está às voltas com os labirintos da pandemia e a corrida pelas vacinas. Também há os minotauros que amam a morte e são a favor do vírus ao desprezarem as máscaras, o distanciamento e a vacina. Como se sairá desse mortífero labirinto é a questão, há uma perplexidade diante das transformações. São tempos onde a gente se sente perdido, desprotegido, entre incertezas e o desamparo.

Zygmunt Bauman, em seu livro mais importante, *Modernidade líquida*, escreveu sobre os labirintos. Relata que os homens tentaram tornar transparentes suas paredes, iluminaram as passagens tortuosas, diminuíram os corredores, escreveram guias de instruções para evitar as encruzilhadas, tentaram até derrubar suas paredes. Descobriu-se, ao final, que os labirintos seguem firmes, talvez mais traiçoeiros e confusos, seguem sendo um espaço opaco onde o azar e a surpresa ocorrem e a razão pura fracassa. Conclui que o labirinto é uma alegoria da condição humana.

A palavra labirinto é comum em vários idiomas, é conhecida desde o antigo Egito, sendo, mais que um desenho, uma mensagem; é um lugar onde mais do que se perder, se vive. Viver é caminhar entre labirintos, se sai de um e já se entrou em outro sem perceber. Portanto, é preciso ter astúcia nas odisseias, pois os trilhos seguros são ilusórios, ilusões para se amparar. Uma ilusão comum é que os labirintos têm saída, como Sigmund Freud disse em sua única entrevista, em 1926, ao jornalista George Sylvester Viereck: "A psicanálise seria o fio de Ariadne que permitiria ao paciente sair de seus labirintos". Um otimismo de Freud, porque, após uma análise, por melhor que ela se desenvolva, o seu resultado tem a ver de como não sofrer tanto e ser criativo diante das dificuldades e dos conflitos. Às vezes, a gente se mortifica, perde a graça, mas pode se recuperar, e assim volta a brincar.

A imagem do labirinto é um espelho, um sistema tortuoso de caminhos, uma alegoria transmitida pelos nômades aos primeiros sedentários. Os nômades viviam em movimento e tendo que fazer opções em seus percursos. Talvez seja a origem dessa figura persistente através dos milênios. Há uma metáfora de que o inconsciente seria um monstro agachado no fundo do labirinto. Os labirintos da alma expressam o sistema inconsciente, que, como o nome diz, não é consciente, é o desconhecido.

Um exemplo de labirinto é o nome próprio, pois cada pessoa recebe um nome e um sobrenome escolhidos pelos pais. Nesse nome se expressam seus desejos inconscientes. Ou seja: o que os pais depositam na escolha do nome de seu filho nunca será totalmente conhecido. Além do que, o nome próprio que nos é dado é uma dívida que será sempre cobrada quanto ao que foi projetado em cada um de nós. Não por acaso, o escritor José Saramago, em seu livro *Todos os nomes*, começa com uma epígrafe: *Conheces o nome que te deram, não conheces o nome que tens*. Há uns vinte anos, na Feira do Livro de Frankfurt, ao lançar um livro, Saramago disse: "É uma convicção profunda minha: não sabemos o nome que temos. Sei que me chamo José Saramago, mas o que isso significa? Quem sou eu de fato?". Quem é cada um de fato é uma pergunta que se responde ao longo da vida, "quem sou eu?", mas sempre permanecem fatos ligados ao desconhecido. Jacques Lacan escreveu sobre a importância do nome próprio. Num dos seus seminários, disse: "Vocês sabem, como analistas, a importância que tem em toda análise o nome próprio do sujeito. Vocês têm que prestar atenção sempre em como se chama seu paciente. Nunca sejam indiferentes". Em outra oportunidade acrescentou: "O nome convida a falar". Cada um de nós tem muito a dizer sobre seu nome, pois envolve mistérios originados nos desejos dos antepassados. O nome próprio tem diferentes raízes, há toda uma novela por trás de cada nome. Novela familiar que pode ser imaginada também como um teatro, tragédias e comédias, é o teatro do nome próprio.

Labirinto é sinônimo de complexidade, impenetrabilidade, perplexidade, escuridão, um sistema tortuoso e perigoso. Há figuras encontradas no Egito, China, Índia, Grécia, América, África. Labirintos de pedra, vegetais, gravados ou pintados sobre os muros. Em muitos povos ele representava a rota seguida pela alma. Em todas as culturas simboliza a viagem ao interior do homem na busca de suas verdades. Jacques Attali, autor do *Dicionário do Século XXI*, escreveu que é preciso "pensar labirinto". Conviver com problemas, pensar diante das encruzilhadas da existência e especialmente suportar as incertezas. Por isso, o imperativo é aprender com quem se associar nas idas e vindas dos avatares, das odisseias da existência.

Encruzilhadas

A encruzilhada é um símbolo universal, é o cruzamento de caminhos, presente na tradição dos povos. Dos Andes peruanos até a Sibéria, na África e na Europa, há encruzilhadas que nascem nos tempos nômades. Eram tempos em que, diariamente, era preciso escolher um caminho para seguir adiante. As encruzilhadas são espaços tanto de passagem como de permanência, onde se constroem monumentos, altares, centros sagrados. Para a Umbanda, é o lugar de oferendas a Exu, chamadas de despachos. Nelas ocorrem encontros com o destino, como ocorreu com Édipo, que encontrou seu verdadeiro e desconhecido pai, o rei Laio, e num confronto o matou. As encruzilhadas integram os labirintos, e a vida é entrar e sair de labirinto, do nascimento até a morte. Aprender com quem caminhar nos labirintos e decidir diante das encruzilhadas talvez seja o alfa e o ômega da sabedoria.

Cada pessoa é em si mesmo uma encruzilhada, que ocorre no presente, mas tem suas raízes nas gerações passadas. Assim, somos determinados tanto pelo desejo dos pais como dos pais dos pais, os avós. Para atravessar essa encruzilhada de desejos alienantes, é preciso construir um novo caminho. Essa construção é a odisseia que cada ser humano tem na vida. E cada pessoa passa por encruzilhadas, mudanças, sucessos e fracassos nas escolhas. Assim como há acertos, há erros quando se escolhem caminhos equivocados ou parcerias que se perdem em alguma curva da estrada.

As escolhas são determinadas por desejos inconscientes. Escolhas ligadas a marcas na memória geradas pelas identificações que formam a personalidade de cada um. Escolhemos, assim, amigos, estudos, caminho profissional, casamento. Amor e trabalho são as encruzilhadas decisivas da vida. Quanta luta, indecisão, tristeza nos erros e alegrias nos acertos. Nem sempre encontramos os melhores caminhos. Muitas vezes os sonhos não se casam com a realidade, ocorrem divórcios, desilusões. Além do que, nada é estático, a vida está sempre em movimento, e separações são inevitáveis. É quando aparecem novos desafios.

Os labirintos da Bíblia ao século XXI

Na Bíblia não há a palavra labirinto, mas se algum espaço pode ser associado a essa alegoria é o deserto. Quando os judeus saem do Egito, onde viveram como escravizados por alguns séculos, vão para o deserto do Sinai. Durante quarenta anos peregrinaram de forma errática, onde a geração que foi escrava morreu e uma nova geração nasceu em liberdade. Nem mesmo o líder Moisés, o escolhido para receber os Dez Mandamentos no monte Sinai, entrou na Terra Prometida. O deserto-labirinto fez nascer o Povo Eleito para começar uma vida messiânica. Após alguns séculos foram exilados na Babilônia, e no segundo século dessa era foram expulsos de sua terra. Após dois mil anos em labirintos por diferentes terras, povos, países, conseguem já no século XX voltar a Israel, marcados por uma história trágica. Aliás, a tragédia marca a história da humanidade, com guerras sem fim e destruição da natureza que ameaçam até mesmo o amanhã. Interessante como cresceu o humor judaico e o humor em geral, uma contraparte de tanto sofrimento humano.

Jacques Attali, economista e historiador francês, escreveu o livro *Chemins de sagesse: Traité du labyrinthe* (Caminhos de sabedoria: Tratado do labirinto), onde faz estudos da história dos labirintos através dos tempos. No Renascimento eles desaparecem, pois a razão, aos poucos, vai se sobrepondo ao discurso sobre a fé, cresce a ciência, a matemática, a linha reta sobre a sinuosidade. A linha reta é o novo critério da verdade, a transparência se instala como exigência ética e estética. Nas viagens marítimas, a descoberta do Novo Mundo é definida pelos trajetos mais curtos, retilíneos, econômicos. Antes disso, já as terras eram cultivadas em linha reta, não mais em caminhos sinuosos como os dos caçadores.

Na Filosofia, andar em linha reta é a marca da razão, escreve Descartes no *Terceiro Discurso do Método*. Ele recomenda a transparência da clareira e não as dificuldades das florestas, só a linha reta permite atingir de modo seguro seus objetivos. Há uma imposição da reta na arquitetura, e pensadores como Erasmo, Milton e Locke designam de forma crítica os "pensamentos labirínticos". Seriam discursos que serpenteiam, não progridem, e nas línguas europeias a palavra labirinto é sinônimo de obscuridade, floresta impenetrável, perplexidade. A natureza humana para a Igreja é denunciada como labiríntica, malvada, um inferno que só se salva na fé e no espírito. Labirintos passam a ser o mal, a desordem, a desobediência, e começam a desaparecer do chão das igrejas. Entre os poucos que hoje existem se destaca o da Catedral de Chartres, do século XII. Só no século XX é que voltam os labirintos na obra de Kafka, por exemplo, com seus contos e novelas que expressam uma realidade comandada pela burocracia. E a obra de James Joyce, em especial *Finnegans Wake* com dezenas de idiomas na sua composição, um livro labiríntico e a sugestão é que se leia em grupo, em voz alta.

Antes ocorreu a revolução darwiniana, que rompe com a ilusão da linha reta ao renovar a figura do labirinto. A sucessão das espécies são acidentes com impasses e bifurcações, onde os mais aptos sobrevivem. O labirinto está nas novas geometrias não euclidianas, nas teorias físicas das partículas, que utilizam as matemáticas da teoria dos nós. Também a informática usa o labirinto como metáfora ou suporte real através das redes sem fim. O cérebro é labiríntico, onde circulam informações complexas, como o DNA. Na economia há um sem-número de labirintos, como nas sociedades financeiras e *holdings*. E a História não tem mais um sentido único na perspectiva do progresso, pois há impasses e desilusões. Não se pode mais pensar em um sentido da história e, necessariamente, não se evolui sempre em direção ao melhor. Enfim, neste século é indispensável aprender a "pensar labirinto".

O fio de Ariadne

Os labirintos devem ser vistos como desafios. O homem labiríntico não busca só a verdade, mas sim uma Ariadne, alguma parceria, uma arte, uma conexão. Ariadne é um fio de referência, quem não encontra pode permanecer amparado só nas suas relações infantis. Se a psicanálise não oferece uma saída definitiva dos labirintos, qual é mesmo o sentido da análise?

O melhor que pode resultar uma análise, é desenvolver a capacidade de enfrentar os labirintos com mais leveza. Um analisando no processo analítico desenvolve a capacidade de se analisar. Aí, como dizia a psicanalista Françoise Dolto, aprender a ser seu próprio pai e sua própria mãe, se autopaternar e automaternar. Uma conquista mais importante do que conquistar o Everest, a conquista vai pelo caminho da transformação do narcisismo, transformar os destinos das pulsões. Na prática seria encontrar vias mais criativas em seu estilo, amar com alegria e desenvolver a astúcia, como ensinou Ulisses na *Odisseia*. Uma análise auxilia o encontro do poema de cada um, na verdade um reencontro com seu poema perdido. Poema aí expressa a capacidade de brincar, ser grato à vida, perceber a potência da mudança. Em outras palavras: é a metamorfose, se encontrar com seu desejo.

Sair de um labirinto e entrar em outro é conviver com as incertezas dos caminhos. Perceber a eterna novidade do mundo, como escreveu Fernando Pessoa, perceber o novo no cotidiano. Para tudo isso acontecer é preciso fazer as pazes consigo, com seu nome, fazer as pazes com o passado. Pablo Neruda definiu sua missão de poeta ao escrever que seu dever terrestre é propagar a alegria. Nesse sentido, sou grato à poesia e à psicanálise, e, principalmente, à poesia de uma mulher que acreditou em mim até quando fracassei. Fracasso foi me perder em labirintos sem saída, fiquei desorientado e a parceria foi essencial. Desejo que cada leitor já tenha encontrado ou criado seu fio de Ariadne. Construir um fio é não se isolar nos labirintos, a construção é dar um sentido, é manter o entusiasmo de viver, e para isso a imaginação é a chave mestra. (AS)

IMAGINAR O AMANHÃ

Ler as cinzas – trauma, memória e esperança [9]

*Lição de geometria:
desmontar o QUADRADO,
desobediência até a
imperfeição física*
Manoel Ricardo de Lima

Seria algo desesperador, se caminhasses numa planície, com a agradável sensação de estar a avançar, quando na verdade retrocedias. Como porém escalavas uma encosta abrupta, bastante inclinada, conforme por ti mesmo vista de baixo, a causa do retrocesso bem poderia ser devido à disposição do terreno. Não deves desesperar
Franz Kafka

Incêndios

A disposição do terreno por estas terras tropicais é cheia de fissuras, rasgos, buracos, armadilhas, e estamos a todo momento tropeçando sem saber exatamente em que direção prosseguir. O aforismo de Kafka nos alerta que precisamos olhar com cuidado para o terreno onde colocamos os pés, para minimamente nos situarmos na geografia em que estamos metidos. Esta terra pega fogo, e alguns mapas que até então nos orientavam somem diante de nossos olhos. Em que direção seguir? Como se orientar no meio deste deserto?

Vemos diante de nós uma terra devastada, *The Waste Land*, como nomeou Thomas Stearns Eliot em seu poema de 1922. Precisamos nos aproximar daquilo que queima nesta terra, auscultá-la, tocá-la, deitar sobre ela, ouvi-la, e assim saber um pouco da história de uma devastação.

---

[9] Texto escrito a partir das notas que fiz para a conferência do X Seminário Internacional de Memória e Patrimônio, organizado pelo Núcleo de Estudos sobre Memória e Patrimônio em Lugares de Sofrimento (NEMPlus), da Universidade Federal de Pelotas, em outubro de 2020.

A terra queima, nossos pés queimam, nossa memória queima, nosso futuro queima. Mas como verter nosso desespero em um movimento que nos ajude a encontrar uma brecha nesta destruição, recolher algumas cinzas que ainda restam no chão, guardá-las para lê-las como um alfabeto enterrado? Vamos precisar recuperar estas cinzas se ainda sonhamos escrever outros textos desta travessia.

A terra que me refiro é nossa própria linguagem, que tem sido atacada por um poder insano que tenta nos fazer engolir goela abaixo sua visão de mundo, destituindo os valores mais elementares da linguagem, que são justamente sua equivocidade, sua multiplicidade de significações, seu convite à liberdade de imagem, sua força de história e de memória. Sabemos todos que não teremos futuros melhores se não nos debruçarmos sobre as cinzas que a violência tem produzido em nosso país. Nem precisamos ir muito longe nesta constatação, já que os 21 anos da ditadura civil-militar no Brasil parecem ser ainda um capítulo vivo em nossa história e se atualiza de uma maneira trágica quando um presidente da Nação celebra como herói, em pleno Congresso Nacional, um dos torturadores mais cruéis deste período: Carlos Alberto Brilhante Ustra.

Somos todos responsáveis por fazer memória, registrar a memória e zelar por ela. Não é fácil sustentar um lugar de testemunho da dor do outro e dela fazer registro. O lugar da testemunha é um de nossos patrimônios preciosos. Como evoca Susan Sontag em seu ensaio *Diante da Dor dos Outros*, a indiferença é uma fraqueza moral. Escreve ela:

"Ninguém, após certa idade, tem direito a esse tipo de inocência, de superficialidade, a esse grau de ignorância ou amnésia. Existe, agora, um vasto repertório de imagens que torna mais difícil a manutenção dessa deficiência moral. Deixemos que as imagens atrozes nos persigam. Mesmo que sejam apenas símbolos e não possam, de forma alguma, abarcar a maior parte da realidade a que se referem, elas ainda exercem uma função essencial. As imagens dizem: é isto o que seres humanos são capazes de fazer – e ainda por cima voluntariamente, com entusiasmo, fazendo-as passar por virtuosos. Não esqueçam"[10]

Ficamos com o eco destas últimas palavras: Não esqueçam! Não esqueçam! Não esqueçam! Mas por que esquecemos? E o que significa esquecer diante de cenários tão extremos? Este esquecimento talvez seja

---

10 SONTAG, Susan. *Diante da dor dos outros*. Companhia das Letras, São Paulo, 2003, p. 96.

a imagem mais cruel de abandono, pois se trata de uma recusa a não ver aquilo que estamos vendo, a não ouvir aquilo que estamos ouvindo. Para Jeanne Marie Gagnebin, a testemunha é alguém que não abandona a cena e guarda a história que viu e ouviu como um dever de memória.

Tive a chance de ouvir no evento Manifão pela Democracia[11] o depoimento de Amélia Teles e sua filha Janaína Teles, relatando o que sofreram nas mãos do torturador Ustra. Embora já tivesse lido seu relato em vários textos, ouvi-las ao vivo, mesmo que online, foi como receber as cinzas desta história em meu rosto. São histórias que ao escutar aderem ao meu corpo e começam também a compor minha memória. Maurice Halbwachs descreve em seu livro Memória Coletiva o caminho por onde vamos construindo memória com os textos que nos habitam. Estas conexões vão desenhando um campo pulsional que nos liga ao mundo e que Halbwachs nomeia como memória afetiva . "A memória coletiva abarca as memórias individuais mas não se confunde com ela. Para construirmos nosso passado precisamos das memórias dos outros"[12]

Maria Amelia de Almeida Teles foi presa junto com o marido Carlos Nicolau quando trabalhava clandestinamente em uma gráfica. Foi levada para o Doi-Codi na Rua Tutóia, em São Paulo, no bairro Paraíso, onde hoje funciona uma delegacia de polícia. Foi recebida por Brilhante Ustra, na época major do Exército e comandante do Doi-Codi, que ao vê-la chegar disse em alto e bom tom: "Vocês pensam que aqui é o Paraíso. Aqui é o inferno". Ouvi Amelinha Teles dizer isto e anotei em minha caderneta atônito esta frase e até então não sabia bem o que fazer com ela. Este texto dá, portanto um destino a esta anotação. Amelinha foi presa em 1972 junto com Carlos Nicolau, seu marido, e sofreram torturas por algum tempo. Alguns dias depois, Ustra mandou buscar os dois filhos do casal, Edson, com 4 anos de idade, e Janaina, com 5 anos. E ainda a irmã de Amelinha, Criméia, que estava grávida de 8 meses. As crianças foram obrigadas a assistir as sessões de torturas pelos quais os pais passaram. Janaina também narrou algumas destas imagens e o périplo de vida que se seguiu depois disto, pois sua mãe ficou presa um ano e meio. Leiam o que ela conta desta cena, quando tinha 5 anos de idade.

"Por conta da pouca idade, tenho lembranças fragmentadas. Mas o

---
11 Evento no dia 7 de setembro de 2020, com acesso no youtube. https://www.youtube.com/watch?v=6st6eI7VUm4.
12 HALBWACHS, Maurice. *Memória coletiva*. Editora Vértice, São Paulo, 1990, p. 53.

que recordo é muito nítido. Lembro de ver meus pais, Amelinha e César, terrivelmente machucados em uma cela. Achei esquisito, porque eles não sorriram direito quando me viram. Eles estavam meio esverdeados. Eles abraçaram a mim e ao meu irmão, mas tinha algo desconjuntado no corpo deles. Anos mais tarde minha mãe contou que fui levada para a sala onde ela estava sendo torturada. Ela estava amarrada na cadeira do dragão (cadeira de tortura onde a vítima recebe fortes choques elétricos). Felizmente não lembro dessa cena. Depois falaram para minha mãe que eu estava morta dentro do caixão."

Trazer estas imagens difíceis é um convite à leitura destes rastros que a história do nosso país vai deixando e acionar nosso compromisso de registro.

Amelinha ainda conta que foi estuprada, que viu seu marido ser assassinado na sua frente e relata que a irmã, Criméia, começou o trabalho de parto na prisão. Hoje, Amélia Teles faz parte da comissão de familiares de mortos e desaparecidos políticos e foi a primeira vítima na história do Brasil a ter sua denúncia reconhecida, fazendo com que Ustra se tornasse o primeiro e único militar a ser declarado oficialmente torturador em 2008.

Para que possamos continuar a leitura desta história, lembro aqui que Janaina Teles e Edson Teles organizaram o livro em dois volumes "Desarquivando a ditadura: Memória e justiça no Brasil". Janaina Teles publicou ainda outro importante livro, "Mortos e Desaparecidos políticos: reparação ou impunidade?"

Cinquenta pessoas foram mortas no Doi-Codi e a Comissão Nacional da Verdade conseguiu identificar 32 pessoas que perderam a vida neste local entre 1969 e 1982.

Sabemos que não é possível pensar o tema da memória sem pensar na função do esquecimento. Eles sempre estão lado a lado como uma espécie de vaso comunicante. É impossível lembrar-se de tudo. O traumático impõe um limite à consciência e esta ferida fica ali guardada e soterrada. Aparece de formas diversas, por alguns disfarces. Sigmund Freud vai desenvolver uma reflexão importante sobre este tema evocando a ideia de lembranças encobridoras. Poderíamos pensar estas lembranças como espécies de curativos que, paradoxalmente, velam a ferida, mas também a revelam. O curativo não nos deixa ver a ferida de forma direta, mas também não nos deixa esquecer que ela está ali.

IMAGINAR O AMANHÃ

Estamos diante de um engasgo entre o não poder lembrar e o não poder esquecer. É isto que faz com que estejamos capturados em uma maquinaria de repetição, pois o traumático insiste em cavar seu lugar.

Para que possamos dar algum contorno ao trauma, precisamos fazer registro, escrever, narrar, compartilhar, acionando, desta forma, uma lembrança. O ato de lembrar abre um espaço possível para escaparmos da compulsão de repetição. Por vezes, precisamos esquecer, desde que o traumático não se perca nesta história coletiva. Como evoca Paul Ricouer ao mostrar que esquecer não necessariamente apaga a memória, teremos sempre as cinzas: "O esquecimento pode estar tão estreitamente confundido com a memória, que pode ser considerado uma de suas condições". [13]

Para ler as cinzas é preciso que elas sejam recolhidas e que possam se desenhar como um texto, mesmo que tenhamos que reinventar uma gramática para que uma leitura seja possível. Sem cinzas não há texto, sem leitor não há leitura, sem cinzas e leitor não há história, e sem história não há futuro.

Jean- Louis Déotte, um autor fundamental para este debate, em seu livro *Catástrofes e esquecimento – as ruínas, a Europa, o museu* traz uma contribuição importante ao evocar a questão dos traumas, que ele nomeia como imemorial. Refere-se aqui aos crimes contra a humanidade, por exemplo, apontando que são recordações enfermas de inscrição.

"Uma recordação de antes da memória e do esquecimento, em falta de memória e esquecimento, um corpo, um acontecimento que aspira à sepultura, à libertação , ao esquecimento, à conquista da memória. Como esquecer o que não possui memória?" [14]

Como este dano é feito a toda uma comunidade, mesmo que encarnado por vezes em algum sujeito, ou algum grupo, é a comunidade inteira que não pode esquecer. Déotte vai mais longe ainda dizendo que o desafio deste furo na memória é uma herança terrivel também para as gerações que virão. Sabemos bem que é impossivel abrir novos futuros sem recolher as cinzas, montar arquivos para abri-los à leitura.

A história é algo vivo como um texto que, ao agregar uma imagem nova, uma palavra inédita, resignifica tudo aquilo que tinha sido dito

---

13 RICOUER, Paul. *A memória, a história, o esquecimento*. Unicamp, Campinas, 2007, p. 435.

14 DÉOTTE, Jean Louis. *Catástrofe y olvido: las ruinas, Europa, El Museo*. Editorial Cuarto Propio, Santiago, 1998, p. 241.

antes. O passado é um registro em movimento e é justamente este o fio condutor do processo analítico que aposta que narrar uma vida, dar forma ao sem forma de uma experiência, abre espaço para que o sujeito encontre novas posições diante do texto de sua história e escape à tirania das compulsões repetitivas da história. O texto que podemos escrever é uma espécie de obra aberta na qual convocamos nossa liberdade de imagens, nosso direito à revolta, nossa esperança de novos lugares para a memória, nossa chance de imaginar outros futuros.

Foi exatamente isto que fez o artista Fernando Piola no cenário do Doi-Codi que descrevi anteriormente, na rua Tutóia, em São Paulo. Ele inventou um memorial ao conceber uma intervenção artística que nomeou "Operação Tutóia". Piola se apresentou na delegacia de polícia que herdou o prédio das torturas como voluntário para cuidar do jardim da delegacia. Trabalhou durante dois anos, plantando só folhagens vermelhas. De maneira silenciosa fez brotar espaços de vida e memória nas plantas, como um jardim de sangue. A monocromia da paisagem não chamou a atenção dos policiais, mas seu registro silencioso contava esta história ainda viva nas paredes daquele espaço. Dois anos depois, ao perceberem o texto destas cinzas estampado como um grande luminoso na frente da delegacia, e ao perceberem o que este texto vegetal dizia, destruiram o jardim. Contudo, a destruição do jardim não dissolveu a imagem que Fernando Piola nos ofereceu. Nas exposições que se seguiram a esta performance, ele mostra o registro de sua ação com fotos do local e a história de violência que aquele local abriga.

Fico imaginando outro jardim de flores vermelhas brotando na frente do Congresso Nacional, naquele dia vergonhoso para a história de nosso país, quando o torturador foi celebrado pelo então deputado Jair Bolsonaro, ao evocar a tortura que a presidente Dilma Rousseff também sofreu nas mãos deste criminoso.

A pergunta se impõe: por que a memória coletiva deste país não foi consistente o suficiente para conter este trauma que se reatualiza, produzindo uma ferida na consciência? A memória parece estar adormecida, anestesiada, já que não há velamento nestas declarações, que, como todos sabem, são públicas e ditas e repetidas inúmeras vezes.

São muitos os incêndios. Um país seduzido pela ficção de Ray Bradbury, *Fahrenheit 451*, texto que François Truffaut deu forma em imagens no cinema. Os livros são queimados, a linguagem é constantemente ameaçada, dando lugar a um discurso da estupidez, como nomeia o psicanalista Mauro Mendes Dias. Ele lembra que o discurso da estupidez não se abre ao diálogo e não reconhece a particularidade no outro.

"Aquilo que ele decide sobre o outro é a recusa da voz, substituindo-a pela vociferação, ou seja, pela transformação dele em fera humana, a qual conserva na fala somente palavras de ordem, clichês e apagamento da função do julgamento."[15]

E como vamos buscar na memória coletiva estas vozes?

Esta pergunta me fez lembrar um livro de poemas, publicado no Brasil com o título *Mil sóis*, de Primo Levi. O escritor italiano, depois de sobreviver a Auschwitz, dedicou toda sua vida a fazer registro daquilo que ele nomeava como um dever de memória. Transcrevo aqui um poema de 1981, escrito por Levi poucos anos antes de morrer.

Vozes

Vozes mudas desde sempre, ou de ontem, ou recém-extintas;
Se apurar o ouvido ainda vai notar seu eco.
Vozes roucas de quem já não sabe falar,
Vozes que falam e já não sabem dizer,
Vozes que creem dizer,
Vozes que dizem e não se fazem entender:
Coros e címbalos para contrabandear
Um sentido à mensagem que não tem sentido,
Puro rumor para simular
Que o silêncio não é silêncio
A vous parle, compaings de galles
Digo a vocês, companheiros de farras
Embriagados como eu de palavras,
Palavras- espada e palavras-veneno
Palavras-chaves e gazua,
Palavras-sal, máscara e nepente.
O lugar aonde vamos é silencioso
Ou surdo. É o limbo dos solitários e surdos.

---

15 DIAS, Mauro Mendes. *O discurso da estupidez*. Editora Iluminuras, São Paulo, 2020, p 86.

A última etapa deve percorrê-la surdo
A última etapa deve percorrê-la a só.
(em 10 de fevereiro de 1981, tradução de Maurício Santana Dias) [16]

Escolho este poema como uma espécie de mapa por onde vou seguir mais um pouco neste texto, tentando dar forma ao que entendo por leitura das cinzas, junto com os três caminhos que abri com as palavras trauma, memória e esperança. Primo Levi nos aponta a direção das vozes silenciadas e nosso compromisso de buscar instrumentos para ouvi-las.

Vozes mudas

Maurice Halbwachs atualiza perguntas importantes em sua obra *Memória Coletiva*, no sentido de interrogar o processo de construção da memória social. Ele traz reflexões fundamentais sobre esta passagem da memória individual para memória coletiva. Na verdade, ele radicaliza a ideia de que as lembranças são sempre coletivas e que desde a psicanálise poderíamos dizer que cada texto de memória é escrito dentro do repertório fantasmático de determinado tempo, de determinado grupo social. Como ele escreve logo no início do seu ensaio,

"Nossas lembranças permanecem coletivas, e elas são lembradas pelos outros, mesmo que se trate de acontecimentos nos quais só nos estivemos envolvidos, e com objetos que só nós vimos. É porque em realidade nunca estamos sós...". [17]

Halbwachs teve sua vida interrompida nos campos de extermínio nazistas. Ali sofreu no corpo a violência monstruosa que buscava não só eliminar vidas, mas eliminar também os rastros do próprio movimento de destruição. Uma maquinaria de extermínio que tentava apagar o próprio registro da morte. Em situações extremas como esta, a força do trabalho da memória, a invenção de novos mecanismos de registro e leitura, são urgentes. É como se o trabalho da memória precisasse conter a fúria da máquina de apagamento, que não está só nãos mãos dos carrascos, mas também no espírito de um tempo que compactua com a destruição, pela omissão, anestesia, esquecimento e negacionismo. Esta situação, mesmo que em outro contexto político,

---

16 LEVI, Primo. *Mil sóis*. Editora Todavia, São Paulo, 2019, p. 81.
17 HALBWACHS, Maurice. *Memória coletiva*. Editora Vértice, São Paulo, 1990, p. 25.

IMAGINAR O AMANHÃ

está presente também em nosso país e em outras nações da América Latina, nas ditaduras militares que criaram estratégias de não deixar rastros dos assassinatos que causaram.

Nosso esforço é fazer parar a máquina que apaga, ou tenta apagar, os rastros da destruição, como podemos ver em uma obra da artista libanesa Mona Hatoum, "Self-erasing drawing" (Desenho de auto apagamento), de 1979. Este trabalho consiste em duas hastes dispostas sobre uma caixa circular com areia, que giram rente a esta superfície como dois ponteiros de um relógio. Em uma das hastes, garras perpendiculares fazem traços na areia; a outra surge logo depois, apagando estes traços.

Halbwachs morreu no campo de concentração de Buchenwald em março de 1945. No aniversário de 50 anos da libertação do campo, os artistas Horst Hoheisel e Andreas Knitz conceberam na frente de Buchenwald um trabalho artístico no espírito daquilo que poderíamos nomear como anti-monumento. Trata-se de uma pequena placa de aço, posicionada exatamente no lugar de outro monumento, construído em 1945 e posteriormente retirado. Nesta placa podemos ler a referência às 51 nacionalidades de pessoas assassinadas pelo nazismo naquele campo. O detalhe importante é que a placa está ligada a um sistema de eletricidade que a deixa permanente aquecida a 37 graus centígrados. Assim, o trabalho aquece a memória coletiva com a temperatura que precisamos para viver. A antimonumentalização de Hoheisel e Knitz aciona assim um pensamento ético e estético de pensar uma política de memoriais.

O Brasil também produziu seus espaços de horror, como os fornos de incineração de uma usina de cana-de-açúcar em Campo de Goitacazes, no Rio de Janeiro, onde pelo menos 12 presos políticos foram incinerados. Trata-se da Usina de Cambahyba. Estas são algumas das cinzas de nosso tempo. Grande parte desta história foi revelada pelo depoimento de Claudio Guerra, ex-delegado do DOPS à Comissão Nacional da Verdade. Este relato aconteceu em 2014. Claudio Guerra conta detalhes de todas estas operações no livro publicado em 2012, "Memórias de uma guerra suja". A maioria dos corpos veio das sessões de tortura da casa da morte em Petrópolis, que, aliás, foi tombada pelo conselho municipal no final de 2018. Entre os mortos que foram incinerados por Claudio Guerra estão Ana Rosa Kucinsky e seu companheiro Wilson Silva. Ana Rosa era professora da USP e irmã do jornalista Bernardo Kucinsky, que muito escreveu sobre este desaparecimento nos livros K e "Você vai voltar para mim". Também foram incinerados ali dirigentes históricos do PCB, como João Massena Mello, Luiz Ignácio Maranhão, David Capistrano e Fernando Santa Cruz Oliveira.

Em março de 2019, parte da Usina foi destruída. Estes atos de barbárie são uma espécie de segunda morte, um assassinato da memória. Uma usina de cana-de-açúcar: herança colonial de um Brasil escravocrata atualizando as lógicas de poder dos senhores de engenho. A usina de Cambahyba, hoje abandonada, pertencia à família de extrema-direita de Heli Ribeiro Gomes, vice-governador do estado do Rio no período de 1967 a 1971. Estão amplamente comprovados os benefícios que a família recebia pelos serviços prestados. Os corpos chegavam em sacos, muitos já mutilados. Escreve Claudio Guerra: "O forno nunca era desligado e as operações passaram a ocorrer no fim do expediente. Os resíduos virados em pó no forno da usina eram jogados numa piscina, que, na verdade, era um poço de vinhoto, resíduo da cana-de-açúcar, hoje usado para fazer adubo."[18]

Diante de uma lógica de apagar os rastros, se impõe uma responsabilidade de sempre buscar as cinzas, seja lá onde estiverem. Vamos precisar multiplicar memoriais, inventar novas estratégias de memória, multiplicar museus, abrir novos espaços para manter viva nossa memória coletiva. Para dar uma ideia da força desta destruição, em agosto de 2020 a comissão de mortos e desaparecidos, junto com peritos integrantes do Instituto Médico Legal Afrânio Peixoto, divulgaram relatório da visita realizada em fevereiro daquele ano, com a seguinte conclusão: "A missão indicou a impossibilidade de coletar qualquer material biológico no local por ele estar destruído."

Palavras-Sal

Até aqui, escrevi sobre cinzas, traumas e apagamentos. Vou trazer algumas notas finais sobre a esperança. Trabalho e pesquiso há muitos anos sobre o tema das utopias: as ficções fundamentais que precisamos criar para que possamos desejar outros mundos e de alguma forma não tomar a realidade que vivemos como a única possível. Thomas Morus criou o termo em seu clássico texto de 1516, *A utopia*. Um

---

18 GUERRA, Claudio. *Memórias de uma guerra suja*. Top Books, Rio de Janeiro, 2012, p. 52.

não-lugar que busca fundar outros lugares pela força da imaginação, que procura abrir espaço para um desejo de experimentação e para um posicionamento crítico do tempo que vivemos.

Finalizo com três últimas anotações, que mostram estratégias diferentes de escrever o desastre e, assim, abrir espaço para a esperança. Abro cada anotação com um verso de Primo Levi, que mencionei anteriormente.

O lugar aonde vamos é silencioso

Os cemitérios são lugares de silêncio, mas também ruidosos e eloquentes quando estamos dispostos a escutar sua história. O artista Jochen Gerz concebeu um trabalho que começou a ser feito clandestinamente em 1990, inaugurado em 1993, na cidade de Sarrebrück, na Alemanha. O trabalho consistia em retirar as pedras do calçamento em frente ao Castelo de Sarrebrück, onde funcionou o quartel-general da Gestapo durante o nazismo. Embaixo de cada pedra foi gravado o nome de um cemitério judaico na Alemanha. Depois de gravado e fotografado o nome, cada pedra era colocada novamente no lugar com a inscrição para baixo, ou seja, a inscrição ficava invisível. Marcio Seligman-Silva, em uma reflexão sobre este artista, lembra que a palavra pavimento - Steinplaster (pedra de pavimentação) - tem um duplo sentido em alemão: Pflaster significa tanto "pavimento", como também "curativo".

Foram gravadas 2.146 pedras/curativos nesta obra que Gerz nomeou de *monumento contra o racismo*. Esta praça atualmente tem o nome de *Monumento Invisível*. Trata-se de uma obra que abre espaço para uma leitura das cinzas e um registro do trauma.

Se apurar o ouvido ainda vai notar seu eco

Juan Manoel Echavarria, artista colombiano, percorreu seu país recolhendo relatos sobre a violência entre as milícias paramilitares e o exército colombiano, que deixou milhares de mortos. Este trabalho consistia em ouvir os relatos de violência através de canções que a população campesina criava para manter vivas estas narrativas traumáticas. Este trabalho recebeu o nome de *bocas de cinza*. Estas canções são recolhidas pelo artista como uma espécie de arquivo musical, pedindo, portanto, uma escuta.

Que o silêncio não é silêncio

Escutar as cinzas. Como salvar aquilo que é ameaçado de destruição? Na ficção de Ray Bradbury, *Fahrenheit 451*, os livros eram guardados na memória e assim preservados. A artista Elida Tessler propôs um trabalho que consistiu em listar todos os livros queimados na novela de Ray Bradbury, bem como todos os livros mencionados no filme de François Truffaut, baseado no romance. Truffaut inclui uma série de outros livros em seu roteiro, que não estavam no texto. Nesta obra artística, ela gravou em palitos de fósforo que mandou confeccionar todos os autores e títulos do livro no idioma original de cada um. São 122 palitos de fósforos invertendo o lugar do fogo. O livro não é mais queimado, já que é ele agora que tem o poder de queimar e de acender chamas de vida. Temos nas mãos o poder de acionar o calor da memória, como nos 37° da placa de Buchenwald. A escrita exige a presença de um leitor, como evoca Maurice Halbwachs :

"As imagens dos acontecimentos passados estão completas em nosso espírito, na parte inconsciente de nosso espírito como páginas impressas nos livros que poderíamos abrir, ainda que não abríssemos mais..."[19]

Esta pequena biblioteca incendiária abriga milhares de páginas, como uma caixa de história, uma caixa de pandora onde ainda dorme a esperança. (ES)

---

19 HALBWACHS, Maurice. *Memória coletiva*. Editora Vértice, São Paulo, 1990, p. 75.

II – PANDEMIA – uma travessia traumática

Angústia e desamparo

Angústia é a reação frente ao perigo, é a reação originária frente ao desamparo. O desamparo primordial ocorre no nascimento, devido à dependência absoluta do bebê ao outro, em geral à mãe. Ao longo da vida ocorrem sentimentos de desamparo de caráter psicológico, nos conflitos, nas separações, na solidão, na carência de amor. O desamparo pode ser imaginado como um grito desesperado de ajuda em direção ao outro. E se o grito não é escutado, o desamparo torna-se desespero, ele é essencial na condição humana.

Há anos, há muitos anos, a humanidade não se sentia tão desamparada como agora. A pandemia do Covid-19 está na vida das crianças que falam nele, o vírus está na vida de todos como ameaça. O inesperado da vida hoje é um trauma, um sentimento de vulnerabilidade com muitas incertezas. O vírus invisível se espalha em alta velocidade no mundo que está vivendo uma metamorfose, uma transformação diante do imprevisível. Que mundo está nascendo agora, que mundo será, ainda não se sabe, recém começa a imaginação do futuro. No presente crescem, a cada dia, as redes sociais no trabalho e na convivência social. Definitivamente, fica provado o quanto não somos os donos da Terra, o quanto a arrogância é ameaçada diante de um vírus invisível.

Uma reação doentia é a onipotência, ela não suporta a incerteza, não tolera sentir-se ignorante diante de uma mudança na realidade. Negam, sustentam que rezar, fazer política, é mais importante que as ciências nessa guerra. Esse é um destino funesto diante do desamparo, que leva a mais mortes, pois divide na hora em que é preciso somar. Nesse caminho funesto, a solidariedade é atacada, pois uns precisam dos outros e a sociedade dos desiguais precisaria ser mais justa. É provável que no mundo pós-vírus a crueldade se manterá, são os enlouquecidos pelos lucros e o poder a qualquer custo. Felizmente, diante do desamparo, também há os destinos criativos que não são poucos.

Há as ciências essenciais, assim como as artes, a natureza que precisa ser protegida, o amor e o humor. O humor é um dom precioso nesse clima meio depressivo, pois sua magia movimenta a realidade. O encanto da graça diminui o desencanto, é o entusiasmo de brincar que aumenta a potência de viver. Potência que dá brilho ao mundo visto agora sob um novo ponto de vista, outra lógica. Charles Chaplin afirmava que a leveza do humor deveria estar a favor dos mais fracos e não dos poderosos. Um dia perguntaram ao Millôr Fernandes por que ele sempre criticava os donos do poder. Disse: "Eles são fortes o suficiente e não precisam de defensores". O humor goza da arrogância dos ricos como revela esta história: "Numa sinagoga, um judeu muito rico reza ao lado de um homem bem pobre. O rico diz: 'Diante do Senhor Todo-Poderoso, eu não sou nada". O pobre repete em seguida: "Também eu, diante do Senhor Todo-Poderoso, não sou nada". Ao que retruca o judeu rico: "Veja só, Senhor, quem pretende ser nada!".

Hoje, cada um se confronta, ainda mais, com seu desamparo, e se num certo nível é preciso desenvolver a autonomia, por outro lado é indispensável o apoio das redes solidárias, as redes de proteção. São as pontes de contato, de aprendizado, de imaginação, de ruptura da solidão. Pontes que levam palavras e trazem palavras, levam afetos e trazem carinhos, assim os conhecimentos vão e vêm num balanço de incertezas. (AS)

IMAGINAR O AMANHÃ

Solidariedade

Há muitos anos um estudante perguntou à antropóloga cultural Margaret Mead: "O que consideras o primeiro sinal de civilização em uma cultura?". Mead disse que o primeiro sinal de civilização numa cultura antiga era um fêmur quebrado e cicatrizado. Ela explicou que no reino animal quebrar um osso da perna era morte certa. Porque não poderás mais correr para fugir do perigo, ir ao rio para beber água, ou caçar comida. Animal com perna quebrada era carne fresca para os predadores. Um fêmur quebrado cicatrizado é prova de que alguém teve tempo de ficar com o homem caído, tratou sua ferida, o levou a um lugar seguro, cuidou até completar sua recuperação. Ajudar alguém durante a dificuldade é onde começa a civilização. Incrível como em revistas, jornais, na filosofia ou na psicanálise, a palavra solidariedade é quase ausente. Entretanto, uma calamidade mundial, como a pandemia do coronavírus, desencadeou a responsabilidade mútua.

Solidariedade é uma palavra derivada do francês "solidaire", cunhada no século XVIII – inteiro, sólido, firme. Expressa a qualidade de solidário, um sentimento de identificação com o sofrimento dos outros. É também uma responsabilidade recíproca, e ajuda as pessoas desamparadas. Creio que vivemos tempos nos quais se evidencia o quanto o excesso de individualização que se vive é perigoso. Recordo uma das três perguntas do sábio Hilel no Talmud: "Se for apenas por mim, o que será de mim?". Essa é a pergunta essencial da solidariedade, porque, cada vez mais, uns precisam dos outros. Solidariedade é o caminho, não há outro tratamento para nossa humanidade doente no seu individualismo.

Um dos caminhos da psicanálise para pensar a solidariedade é a dívida simbólica. Dívida da criança, que antes mesmo de nascer está sendo inscrita como sujeito no mundo simbólico da linguagem e da cultura. Toda pessoa é assim um antigo futuro sujeito: antigo pelo passado dos pais e gerações passadas, e futuro porque há uma vida pela frente. Essa dívida simbólica só se paga, em parte, pelo que damos aos filhos ou aos demais. Dívida no sentido de ajudar ao outro, de contribuir com a comunidade, com a natureza, fazer o bem. Ser solidário é expressar a gratidão de viver, retribuir o que recebemos do intercurso com o mundo. Um mundo com graves desigualdades sociais, e de costas para os cuidados com a natureza. São faces da humanidade que atacam a dívida simbólica, atacam a saúde da população, atacam a vida.

O coronavírus, para ser combatido, requer isolamento de mãos dadas. Nessa verdadeira pausa da vida, há chances de olhar as flores, aumentar os amores, aliviar as dores cotidianas do isolamento. Tempo para nos humanizar. Angustiante está sendo a vida dos pobres, sempre os que mais sofrem. Vamos ter que aprender a solidariedade esquecida, praticada pelos imigrantes, e nas catástrofes. São tempos de manter o norte da solidariedade, seguir à risca as orientações da medicina, em busca de dias melhores. Lembro o poeta Tiago de Mello: "Faz escuro, mas eu canto, porque a manhã vai chegar". Precisamos viver o hoje e imaginar que pode haver outro amanhã para o nosso país e para o mundo. (AS)

Impulso de destruição

Estava sentado à mesa com um menino de dez anos, talvez onze, no distante ano de 1967. Em determinado momento, Antônio captura uma mosca que estava em cima da mesa, num gesto veloz. Fico impactado diante da surpresa, e ele permanece com o punho fechado. Abre um pouquinho a mão, e com a outra faz algo que não vejo. Tudo em fração de segundos, e então joga a mosca em cima da mesa com uma só asa, pois a outra ele cortara. A mosca se debate na nossa frente, e eu, atônito, pergunto ao menino por que tinha feito aquilo. Aí vem a resposta, calma e sorridente: "Gosto de ver a mosca se debatendo".

A condição humana é marcada pela agressividade desde Caim e Abel, o Coliseu, as intermináveis guerras. A luta pelo poder é central, logo a barbárie integra a civilização, como ocorreu na tragédia da Primeira Guerra Mundial, a grande guerra. Foi a partir dela que Freud mudou algumas de suas teorias. Em especial, propôs a pulsão de morte, pensada já no começo de 1919, que nasce das neuroses de guerra, e a compulsão à repetição. Conceito controverso entre psicanalistas, mas baseado em quem esteve na guerra, como colegas e os próprios filhos de Freud. Então escreve uma nova teoria pulsional: Eros e Tanatos, Vida e Morte, sexualidade e hostilidade, são essenciais. A pulsão de morte não é sinônimo de maldade, o problema ocorre quando ela é separada da pulsão de vida, em uma desfusão. Nessa situação, ela se transforma em idealização, projeção e narcisismo das pequenas diferenças, através de violências dirigidas contra si ou ao mundo exterior.

O menino da mosca é um exemplo individual de agressividade para mostrar seu poder e me assustar. Em nível social, é assustador quando o terrorismo de Estado passa a governar para destruir a vida. É a pulsão de destruição, também chamada de pulsão agressiva, contra o mundo e os seres vivos. Há um amor ao ódio, que encontra os irmãos do ódio, que sonham com a destruição dos inimigos: raciais, religiosos, políticos. Freud escreveu então sobre a psicologia das massas, o mal-estar na cultura, dedicando-se a pensar não só a realidade psíquica, mas também a vida em sociedade.

O Brasil elegeu um presidente em 2018 que baseou sua campanha no ódio, na guerra, que empolgou boa parte dos brasileiros. Na pandemia essa agressividade cresceu no negacionismo delirante, ignorando a boa medicina e as ciências nas suas orientações: distanciamento, máscaras, higiene, e vacinas para todos. O presidente ironizou a covid com piadinhas sádicas, sem graça (a não ser para seu público), trabalhou para o vírus e a morte sem ser molestado pelos poderes, armados ou não. É uma política da morte, com cúmplices nos mais variados poderes e profissões. O Bolsonarismo não tem solidariedade, empatia, humanidade com os mortos e seus familiares, e despreza a maioria do povo brasileiro.

A pulsão de destruição é mencionada no livro de Freud *O eu e o isso*. No início do quarto capítulo, ele escreveu: "...a musculatura e a pulsão de morte se exteriorizam agora – provavelmente só em parte – como pulsão de destruição dirigida ao mundo exterior e a outros seres vivos". Essa pulsão é a expressão da crueldade que pode irromper em pessoas mais sádicas. As pulsões podem ser sublimadas, transformadas em artes, conhecimentos, amor, diálogos, política. O atual governo não tem uma política de saúde que una o Brasil. Ao contrário. O presidente não tem partido, é do partido das armas, da guerra com os governadores, visando a próxima eleição na base da brutalidade sedutora (mimimi, maricas, chorões). E, tem gente que ri.

O Brasil é dominado por um governo sádico igual ou pior que a Casa Grande. O menino Antônio da história inicial cortava a asa da mosca. O importante é que as asas da imaginação não sejam cortadas pela apatia, o desânimo, pois o desafio é aprender a caminhar nos perigosos labirintos. Caminhar e construir a esperança contra a destruição e o minotauro brasileiro. Cabe a cada um e a todos nós seguir tecendo o fio de Ariadne. (AS)

Por quem os sinos dobram?

O poeta pediu para não perguntar por quem os sinos dobram. Os sinos deveriam tocar pelos mortos, desfecho trágico previsto pela medicina. Hoje toda verdade é castigada, e os noticiários, diariamente, silenciam as dores com a frieza dos números. Anunciam as mortes com gráficos que nada sentem, o governo ri, alguns dançam, muitos não acreditam, outros lamentam. Aliás, um dia será escrita a história das Forças que existem para defender a sociedade, mas estão unidas às agressões dos poderes poderosos. Hoje impera a velha eugenia na qual morrem os desprezíveis, os fracos, os velhos. Num passado nem tão distante, o nazismo matou milhões de judeus, doentes mentais, ciganos, e rebeldes. Todos foram considerados nocivos à raça ariana.

É impossível expressar em letras, pois elas não expressam os sentimentos dos familiares, amigos e vizinhos dos mortos. Choram pais, avós, netos, tios e tias, só se sabe o nome e sobrenome de um ou outro morto, como a do poeta Aldir Blanc. Deveriam morrer muitos pela infecção viral, mas nunca morrer tantas e tantos por descaso. Tudo que se escreve não alivia o peso das sombras fúnebres e os sons emudecidos dos sinos. Um sentimento de mundo começa a crescer, contrário à cumplicidade com a crueldade. Os sinos íntimos tocam alguns corações e perguntam por quem eles dobram. Os sinos talvez estejam guardados em caixas empoeiradas.

E as televisões diluem as razões de tantas mortes, ocultam sobre os motivos de morrerem centenas por dia. O mundo divulga que o presidente brasileiro é o pior líder mundial da pandemia, mas a notícia se perde na infodemia atual. O poeta Ferreira Gullar escreveu que morrem quatro por minutos nessa América Latina, mas hoje poderia escrever que a cada noventa segundos morre um ser humano neste país. Há indiferença nos corações congelados, muitos só pensam no dinheiro perdido. São sempre os outros que morrem. E a maioria dos mortos são pobres, sem água encanada ou máscaras de proteção. Já os mandatários fazem política, cuidam dos familiares e de seus apoiadores.

Saudades das batidas dos sinos marcando o horário de uma missa a que nunca fui. Os sinos têm sons para avisar um incêndio, avisar uma procissão, um nascimento ou uma morte. Quando os sinos tocavam uma canção fúnebre, era possível saber se quem morreu era homem ou mulher e até a hora que seria o velório. Gostaria de escutar os sinos dobrando de dia e de noite, a cada noventa segundos, uma batida para cada morte. Quem sabe assim os corações se descongelassem, em respeito aos sofrimentos dos que não podem enterrar seus mortos.

Em tempos distantes, os sinos das igrejas tocavam cânticos fúnebres e perguntavam por quem os sinos dobram. Ou, em outras palavras, quem morreu? O poeta que pediu para não se perguntar por quem os sinos dobram foi John Donne (1572-1631). Ele revelou em seu poema "Meditação XVII" a conexão entre tudo que existe: "Nenhum homem é uma ilha inteiramente isolado,...a morte de qualquer homem diminui a mim, porque na humanidade me encontro envolvido; por isso, nunca mandes perguntar por quem os sinos dobram; eles dobram por ti". (AS)

O novo ovo da serpente

Um homem caminha no amanhecer de uma segunda-feira, entre dois guardas, em direção à forca. Vive seus últimos minutos de vida, e ao atravessar o pátio para cumprir a sentença olha o céu estrelado e diz, calmamente: "A semana está começando bem". Outro condenado à forca, ao ser perguntado se desejava um cigarro, respondeu: "Obrigado, não posso fumar, meu médico proibiu". O SuperEu no humor é gracioso, amável, revelando sua outra face, pois em geral seu retrato é sério e crítico. Assustador mesmo é quando o SuperEu, uma função paterna, é exercida por um chefe sádico. E uma boa porcentagem das pessoas se submetem a esse pai/líder, devido à chocante servidão voluntária. Aí vem um humorista e goza a maldade do meio comandante, meio psicopata, e revela um novo ovo da serpente.

Foi o que fez o humorista Aroeira ao exibir a serpente que tinha nascido aqui. Aroeira, numa charge, transformou a cruz da saúde numa suástica e mostrou o presidente Bolsonaro dizendo aos seus seguidores para irem pixar em outro hospital. O presidente do Brasil tinha dito para invadirem os hospitais para fiscalizar, no que foi mais um ataque à vida de sua necropolítica, mas a charge provocou um ataque da INjustiça contra Aroeira. Ele foi ameaçado com a Lei de Segurança Nacional, e seria cômica essa decisão se não fosse trágica; quem deveria ser enquadrado é a serpente que despreza a pandemia. Aroeira, perguntado sobre o fato de ser acusado de difamação, lembrou o pintor Picasso. Um oficial nazista perguntou-lhe apontando para o seu quadro *Guernica*: "O senhor fez isso?", e Picasso respondeu: "Não, vocês fizeram". A mesma coisa agora, pois, se ele me pergunta se o estou chamando de nazista, respondo: "Não, você próprio se chamou de nazista, eu só desenhei. É a minha defesa". Aroeira teve muito apoio de seus amigos, de instituições e até do cartunista argentino Quino. A serpente ficou magoada.

As armas do humorista não matam, mas o descaso com a saúde mata. O que choca o mundo, mas não tanto o país, é como um chefe de Estado põe em prática o que pregou com ódio: elogio à tortura e à morte. Pergunta que não quer calar: qual é a surpresa, se o Presidente só faz o que prometeu? O povo é torturado com as mortes diárias porque elegeu um herdeiro do passado escravagista, um herdeiro dos que batiam e matavam negros, índios, e pobres. O idealizado país da cordialidade, da liberdade, da alegria, revelou ao mundo a sua face cruel. Hoje é uma longa quarta-feira de cruzes. Há uma guerra em que as "forças desalmadas" não combatem a pandemia, não cumprem assim com o dever de segurança do povo. Manchete de capa do jornal *La Republica* da Itália no dia 25 de junho de 2020: "Brasile girone infernale" (O Brasil ronda o inferno).

A morte tem pontes com o humor. Não faltam histórias, pois o humor é uma forma de aliviar as perdas, e a morte é a perda derradeira. Woody Allen disse sobre a morte: "Não tenho nada contra a morte, só não quero estar presente quando ela chegar". Um amigo humorista do Allen, o nosso Luis Fernando Verissimo, disse que a morte era uma sacanagem. Já o jovem Gregorio Duvivier definiu o humor como um drible da morte. (AS)

IMAGINAR O AMANHÃ

Tecidos da vida

A palavra tecido é usada, em geral, numa conversa sobre roupas, se o tecido é de algodão, seda, linho, entre tantas combinações. Entretanto, há os tecidos da vida, pois o tecido, o fio com que é feita a vida de cada um, é símbolo do destino. A palavra tecido vem do latim "texere", construir, tecer, mas já no século XIV a palavra tecelagem ganhou o sentido de estruturação de palavras ou composição literária. E aí se cria a palavra "texto", que faço neste momento, costurando as palavras com fios invisíveis. A vida é feita por tramas, que se originam nas identificações, como é a eleição do nome próprio, uma expressão do desejo dos pais.

E foi num texto de Antonio Candido que li sobre o tecido da vida:

O capitalismo é o senhor do tempo.
Mas tempo não é dinheiro.
Isso é uma monstruosidade.
O tempo é o tecido da nossa vida.

Muitos caminhos se abrem a partir da expressão "tecido da nossa vida", pois a vida de cada um é um drama, uma trama, assim como o é também a vida de uma família, a história de um país. Em psicanálise se parte do drama de uma pessoa, e agora, por exemplo, recordo um conhecido que me escreveu sobre não saber mais quem ele era. Funcionário federal, trabalho enfadonho em suas palavras, tinha encontrado na música, na bateria, sua alegria. Tocava muito bem, integrava vários conjuntos, e agora se sente perdido, sem banda, sem tocar sua bateria, inquieto, e se pergunta quem mesmo ele é hoje e o que será o amanhã. Pensei na cigarra vivendo seu inverno, e hoje os artistas vivem seu pior inverno, e nós com eles. A vida sem arte perde o brilho, é uma vida tristonha, empobrecida.

Em tempos de pandemia, cada história pessoal, as insônias, as ansiedades, o cotidiano vai sendo tecido em tempos lentos e inquietantes. Ainda bem que a primavera se aproxima, e depois virá o verão, e, lentamente, a vida vai melhorar, pois chegarão os tecidos coloridos. As roupas serão outras, devem diminuir as mortes, e com coragem e sorte serão construídos novos caminhos. Todos estão desafiados a criar, a inventar as estradas novas que hoje passam pelas redes, pela realidade virtual, mas já, já se encontrarão com a realidade presencial. Mais do que nunca é indispensável a imaginação, cada dia é preciso paciência para seguir tecendo a vida nas parcerias solitárias e solidárias. O tempo é o tecido de nossa vida, ao contrário do que escutamos, de o tempo ser dinheiro, como se aprendeu com essa frase em inglês: *time is money*. Frase pobre com que os milionários gostam de encher a boca e os bolsos. Um dia escutei que nos Estados Unidos, quando alguém se exibe, lhe perguntam: "Quantos milhões já fizeste?". No capitalismo o poder é medido pelo dinheiro. Que maravilha os que perguntam sobre os amores, os ardores, as graças, a música que toca o coração, ou conversar sobre as histórias que a gente vive e já viveu.

É tempo de aprender, e a cada dia se pode aprender algo novo ao ler, ao ver um filme, ou os encontros nas redes. É bom sonhar, plantar, e lutar para levantar o ânimo, levantar a cabeça, levantar o astral, para não sucumbir. É verdade que os tempos são traumáticos, tempos de medo, logo convém buscar amparos. Há motivos de sobra para queixas, mas um dia essa loucura irá diminuir, e a gente se abraçará e novos amores nascerão. E então as pessoas irão para os parques, museus, shows, num congraçamento tão sonhado. Esse dia há de chegar, e vamos comemorar a vida. (AS)

IMAGINAR O AMANHÃ

Copacabana – praia de memórias

Em 1948 Vinicius de Morais estava em Los Angeles onde escreveu um poema evocando Copacabana, este lugar tão inspirador e emblemático de um Brasil que já tivemos e que agora parece que estamos perdendo, como a areia que escorre por entre os dedos. O poema inicia com estes versos:

Esta é Copacabana, ampla laguna
Curva e horizonte, arco de amor vibrando
Suas flechas de luz contra o infinito.
....
Copacabana, praia de memórias!
Quantos êxtases, quantas madrugadas
Em teu colo marítimo!

A Copacabana de Vinicius foi palco no dia 11 de junho de 2020 de uma cena que confrontou dois mundos que habitam este país e que merece nossa atenção para que possamos saber um pouco mais sobre a deriva que vivemos como nação. De um lado, a lógica da arquitetura da destruição e a intolerância mais covarde diante da dor de um semelhante enlutado; de outro, a aposta na vida, na linguagem, na solidariedade.

Tudo começou com uma manifestação da ONG Rio da Paz que simbolicamente simulou 100 túmulos na praia de Copacabana como homenagem aos milhares de mortos no Brasil pela pandemia da Covid 19. A imagem é forte, pois mostra uma cicatriz na beleza daquela paisagem, convidando a uma pausa para reflexão. O luto é uma experiência de pausa, de trabalho psíquico para pensar no que perdemos, como perdemos, e como vamos superar esta perda. Nosso país perdeu uma enormidade de vidas nesta pandemia, mas também tem perdido espaços de solidariedade, de esperança e de confiança. São milhares de vidas perdidas pelo vírus, mas também muitas outras vítimas da violência, do racismo, da negligência do Estado, sobretudo com os mais vulneráveis. Um cenário trágico de destruição.

Márcio Silva, um taxista, caminhava pela praia de Copacabana e, comovido pela que viu à distância, se aproxima da manifestação pensando no filho Hugo, de 25 anos, que perdera três semanas antes, vítima da pandemia. Ele relata que, ao ver as cruzes na areia, logo pensou que uma delas representava seu filho. Havia uma discussão no local, com várias pessoas insultando os manifestantes, chamando-os de "esquerdistas" como se fosse a pior das palavras. Não se tratava disso. A ONG Rio da Paz já fez muitos protestos endereçados a muitos governos. Um homem ensandecido e muito alterado, no calor dos xingamentos, entra subitamente neste lugar sagrado da memória e selvagemente começa a derrubar as cruzes. A cena é assustadora, e como estamos ali no campo do simbólico, ele literalmente profana esta memória. Ninguém reage.

Márcio resolve entrar em cena e recolocar as cruzes no lugar, sendo vaiado por muitos e aplaudido por alguns. Ele diz:

"Quando viram meu ato, primeiro começaram a me chamar de esquerdista e outras coisas. Eu disse que era apenas um pai que exige respeito. O próprio cara que estava derrubando parou de derrubar. Não sei nem o que é comunismo pra falar a verdade, eu não estudo isso. Também não chamo ninguém de fascista, porque eu não sei o que é fascismo, eu não estudo isso. Eu nunca li livros sobre isso. Agora, desrespeito eu sei o que é. Intolerância eu sei o que é".

Marcio recoloca as "flechas pretas de luz" (como escreve Vinicius) no seu lugar, instaurando desta forma um novo espaço para o infinito da memória. A destruição ali é da memória, traço sintomático e histórico no Brasil, que esquece rapidamente seus mortos, os sacrificando duplamente, já que os impede de ter um lugar de memória. São histórias apagadas, desaparecidas! Assim, Marcio restitui o que Vinicius de Morais escreve no seu poema: estamos diante de uma praia de memórias.

Márcio reconstrói nossa honra e uma esperança de Brasil. Ele não impede o agressor de derrubar. Enquanto um derruba, ele recoloca no lugar. Temos de forma cristalina o trabalho do ódio de um lado e, do outro, uma tentativa de reparação pelo amor e solidariedade. Marcio diz em uma entrevista dias depois:

"Pensei: eles podem derrubar cem vezes que eu vou recolocar cem vezes. Agora o ódio é contra a gente, contra nós que somos vítimas. Eu não tenho nada a ver com política, quero apenas respeito à minha dor, à dor de outras vítimas."

Estamos diante de uma manifestação de luto, que sabemos precisa ser sempre elaborada coletivamente. É por isso que os rituais são tão importantes neste trabalho psíquico tão doloroso e tão fundamental para a reconstrução de espaços de vida. A violência é cega a estes princípios que nos fazem humanos desde sempre. O desafio de ter que elaborar tantas mortes ao sermos privados destes rituais é inominável. A manifestação acabou evocando para Marcio um espaço possível de luto e por isso sua indignação diante do desprezo destas pessoas por sua dor:

"Será que eles não entendem a minha dor de ter que ir no hospital, reconhecer o corpo dele, não poder abraçar, não poder cuidar, não poder botar uma roupa nele, ver ele ser jogado dentro de um saco. Será que não entendem que não pude velar meu filho?"

"Aquele fato me fez perguntar até onde chega a desumanidade de não ter empatia com o outro. Esse pessoal parece que procura inimigos o tempo todo. Todos que não pensam como eles são inimigos. Fiquei muito triste com essas pessoas, porque estou vendo isso em amigos próximos. Parece que perderam a razão, não dá nem para você conversar. Parece que não pensam mais. É puro ódio. Tudo para eles é política, mesmo onde não existe. Por isso, o ato simbólico é mais importante."

Fiquei muito sensibilizado ao ver a cena e, sobretudo, esta breve entrevista que tive a oportunidade de ler. São palavras que restituem a condição de sagrado da dor do outro, que abrem um espaço de pausa para que aqueles que aplaudiram o gesto selvagem possam, quem sabe, perguntar o que ainda resta de humano quando celebram atos de barbárie como este.

Márcio é nossa Antígona e seu gesto nos mostra o valor dos coveiros. Enterrar os mortos é quase tão antigo como o próprio ser humano. Neste ritual cuidamos da memória de quem morreu e nos pacificamos, em parte, com a dor de uma perda. De certa forma, somos todos coveiros quando estamos presentes em uma cerimônia de enterro. Ficará marcada na memória deste tempo de pandemia a reação violenta do presidente da República, que ao ser interpelado sobre o número de mortos, disse "eu não sou coveiro". Diante de cenas como esta é fundamental lembrar de Sófocles e Antígona, que cumpriu a função de coveira diante da insanidade do tirano Creonte, que a impedia de enterrar seu irmão Polinice. A atitude do tirano evidenciava seu desprezo pela vida, já que o ato fúnebre é um ritual de vida. Creonte destila ódio e diz a Antígona: "O inimigo nunca é amigo, nem quando morre". Antígona responde: "Minha pessoa não foi feita para compartilhar o ódio, mas o amor". Este diálogo do século V A.C. precisa ser lembrado nesta terra em brasa.

Teremos muitas feridas abertas e algumas cicatrizes pela frente. Teremos que cuidar para que as cicatrizes continuem, por muito tempo, contando estas histórias para as gerações que virão depois de nós. Quem sabe em algum outro tempo Copacabana possa voltar a ser a praia do êxtase, do encontro, da tolerância, da paz.

Márcio reescreve um mapa possível de uma nação que talvez possa novamente sonhar com outros horizontes, imaginar um amanhã mais luminoso. Recolocar cruzes em seu lugar, como quem coloca os novos faróis que precisaremos ter para iluminar a travessia que nos espera depois disto tudo.(ES)

As vacinas que precisamos

O método é por demais conhecido. Usar uma posição de poder, de ascendência sobre outra pessoa, para colocar em dúvida a percepção de realidade deste outro. Isto tem um nome preciso, se chama abuso. Em 1944, George Cukor dirigiu o filme *Gaslight*, baseado na peça de teatro de Patrick Hamilton. Neste filme, um marido cria situações de manipulação com sua esposa (Ingrid Bergman), fazendo-a acreditar que estava enlouquecendo: esconde objetos dela e a acusa de perda de memória, a assusta com sons noturnos, coloca permanentemente em dúvida a leitura que ela faz da realidade. Victor Santoro, em 1994, publica um estudo sobre este tema com o livro *Gaslighting: how to drive your enemies crazy*.

O Brasil, nestes tempos pandêmicos, tem vivido este cenário descrito acima, diariamente. Informações deliberadamente falsas, que colocam em suspensão nossa condição de memória e de percepção e que chegam ao ponto absurdo de alguém se autorizar a dizer algo do estilo "você não está vendo isto que está vendo", "você não está ouvindo isto que está ouvindo". É enlouquecedor, como mostra muito bem o filme. Como se a palavra deste abusador pudesse ser mais confiável que a percepção do próprio sujeito. Assim, nem centenas de milhares de mortos são suficientes para demover alguns de que estamos em uma pandemia gravíssima; nem centenas de milhares de mortos são suficientes para convencer alguns de que é preciso tomar os cuidados para não se contaminar e não contaminar os outros, na maioria das vezes seus familiares e amigos mais próximos; nem centenas de milhares de mortos são suficientes para que alguns tenham o mínimo apreço pela vida e possam celebrar uma vacina como uma conquista do conhecimento, da ciência e que se vacinar mais do que uma obrigação é uma escolha pela vida. Mas não, escolhem o sacrifício, embotados que estão nesta cegueira.

Na tela de Pieter Bruegel, *A parábola dos cegos*, de 1568, vemos esta situação assustadora vivida aqui no Brasil: um cego conduzindo alguns outros para o abismo a sua frente. Assustador na medida em que mesmo que não tenhamos escolhido estar nesta fila, este que foi eleito para conduzir um país impõe com violência sua percepção. E o que é mais assustador, debochando destes que ainda cairão. Milhares já despencaram no desfiladeiro. Já estamos em queda há muito tempo neste precipício. É urgente recuperar nossa memória e confiar nela. Um torturador jamais poderia ser celebrado em pleno Congresso Nacional. No Chile, no final de 2019, a apresentadora Tonka Tomicic, em um programa ao vivo na TV, pediu para um advogado se retirar do estúdio por relativizar a tortura no país. Disse ela: "Não se pode compartilhar o espaço televisivo com uma pessoa que está negando parte da história do Chile".

E o que dizer sobre um dos apoiadores de Trump, que invadiu o Congresso americano vestindo uma camiseta que fazia apologia ao nazismo, com uma menção a Auschwitz? Se isto é tolerado em um coletivo, indica de que a mensagem é compartilhada por muito mais gente. Claude Lanzmann, no seu documentário Shoah, sobre os campos de extermínio nazistas, mostrou a cumplicidade de muitos destes "cidadãos comuns", que mesmo com os campos de concentração na cara, fechavam os olhos.

Pode ser que esta seja uma das últimas apostas disponíveis a nós: lutar pelo bem mais precioso que temos, a vida. Se a vida não for prioridade neste país, teremos que fazer o luto pelo fim trágico desta nação. Este é o princípio maior que deveria conduzir a todos, independentemente de suas posições políticas, estéticas, psíquicas. Vamos precisar de muitas outras vacinas para continuar respirando e sonhando com um país melhor para viver. (ES)

IMAGINAR O AMANHÃ

Um descanso da loucura

Leopardos invadem o templo e bebem toda a água da pia de sacrifícios, deixando-a vazia. Isso se repete sempre. Por fim, o evento pode ser previsto e torna-se parte da cerimônia.
FRANZ KAFKA

Os leopardos estão soltos, mas manter o ritual da cerimônia depende de cada um de nós, de todos nós. Daqui do meu apartamento escuto muitas sirenes. A todo momento elas quebram o silêncio desta tarde de sábado. Sinais de alerta, de urgência, de pressa. Fico imaginando estas dores no asfalto, as angústias que se reproduzem aos milhares neste país em sofrimento. Imagino que cada um de nós deve ter uma imagem desta urgência na cabeça, por ter perdido alguém nesta pandemia, por ter estado em um hospital, por ter se contaminado, por ter testemunhado o sofrimento de alguém, dos muitos que presenciamos diariamente. Guardo aqui comigo muitos históricas de amigos e conhecidos enfrentando este vírus. O terrível é imaginar que os sons da sirene comecem também a fazer parte da cerimônia e já nem o escutemos mais e, para muitos, até embale o sono da tarde. *O Sono da razão produz monstros (Goya)*. Fico imaginando brasileiros no próximo século, quando nenhum de nós estiver mais por aqui, lendo os registros deste tempo e tentando entender como foi possível que tudo isto tenha acontecido. Ficarão muitos registros das vociferações das feras que rangem os dentes diante daquilo que poderia trazer vida. Não celebram a vida, celebram o tempo e os templos de destruição, da ignorância, da estupidez. Imaginem que no mesmo dia em que o Brasil teve o segundo maior número de mortos nesta pandemia, o presidente deste país se dedicou a falar do efeito colateral do uso das máscaras. Padecemos todos do efeito colateral da profunda intoxicação do espírito que tomou conta deste país. Vamos precisar de muitas vacinas e por muito tempo. Estamos exaustos, mas nunca desistiremos. Buscaremos inflar de ar o pulmão de nossa memória, pois é ela que nos dará alguma esperança de novos futuros. Cada brasileiro é hoje um arquivo vivo. Caberá a cada um deixar seu registro para as gerações que virão. E quem sabe nos reencontraremos com a lucidez de Guimarães Rosa, no *Grande sertão: veredas*, quando escreve: "Só se pode viver perto de outro, e conhecer outra pessoa, sem perigo de ódio, se a gente tem amor. Qualquer amor já é um pouquinho de saúde, um descanso da loucura".(ES)

III – Ficções Rebeldes

Ficções Rebeldes

A ilha é como uma pequena estrela que o espaço esqueceu
RAINER MARIA RILKE

A arte coloca a vida em desordem. Os poetas da humanidade
restabelecem o caos continuamente.
KARL KRAUS

Toda ficção traz o gérmen de uma rebeldia. Não existe rebeldia sem ficção. Esta palavra tem muitas derivações semânticas. Vem do latim *Re bellis, Re bellare, Re* (contra) *Bellar* (guerrear), guerrear contra, desobedecer. No francês do século XVI rebelar podia ser usado como girar, desviar (rebelar o rosto para outro lado). Movimento, portanto, de resistência, de desvio. O verbo latim *volvere* está na origem de rebeldia e só posteriormente foi adquirindo um sentido mais próximo à política. *Re volvere... re volução...* Derivações semânticas como curva, entorno, volta, revolta são da mesma família. Este pequeno percurso etimológico já nos anuncia a potência política do termo ficção quando este abre espaço para a rebelião. Em tempos nos quais vemos surgir assustadoramente no Brasil discursos de destruição, de ódio, de intolerância, de esvaziamento do lugar da cultura, precisamos lembrar da indissociabilidade entre ficção e rebeldia. Contra estes discursos totalitários e conservadores, que querem impor um único modo de ver o mundo, nada como produzir ainda mais arte.

Vamos encontrar o termo ficção logo na abertura dos *Escritos de Jacques Lacan*, com o texto sobre a *Carta roubada*, onde veremos enlaçada a relação entre verdade e ficção. Neste texto, Lacan nos apresenta um sujeito virado ao avesso pela ventania do significante. A verdade ali em questão é a ordem simbólica, constituinte do sujeito. É esta verdade, escreve Lacan, que possibilita a própria existência da ficção. Em outro momento, no Seminário sobre as Relações de Objeto, será mais categórico ao dizer que "a verdade tem a estrutura da ficção". Abalo sísmico da psicanálise na pretensão daqueles que querem encontrar algum ponto fixo que nos oriente em relação à verdade. Aqui a verdade surge como "ex-cêntrica", como fora do lugar, e se há uma "fixão" em cena é o do real, ou seja, do impossível que *fixa* o sujeito na linguagem. Lacan, em sua gangorra poética, joga com esta imagem de ficção e *fixão* no "Aturdito", conferência que realiza pelo quinquagésimo aniversário do hospital Henri-Rousselle, em 1972. *Etourdi*, em francês, significa distraído, que age sem refletir, o que vive no mundo da lua. O distraído que nos salva, pois como lembra Leminski. distraídos venceremos. *Tour* (volta), *tourner* (dar voltas), dar voltas em torno do "dire", do dizer e do dito... Convido vocês a uma volta dentro da jaula de uma pantera, conduzidos pela mão de Rainer Maria Rilke, o poeta triste, taciturno, que inspira Freud a escrever "A transitoriedade". The Panther (a pantera) é um poema de Rilke. A pantera que gira, movimento inquieto circular, repetitivo, desesperado, contido. O que nos indica o movimento circular da pantera ? A história deste poema é curiosa. Rilke era secretário do escultor Auguste Rodin, em Paris, e fora instigado por este a fazer uma visita ao zoológico do Jardin des Plantes e só retornar de lá com um poema escrito. Rilke sai com seu pequeno caderno de notas e, diante da jaula da pantera, escreve um dos seus mais belos poemas "sob encomenda".

> *De tanto olhar as grades seu olhar*
> *esmoreceu e nada mais aferra.*
> *Como se houvesse só grades na terra:*
> *grades, apenas grades para olhar.*
>
> *A onda andante e flexível do seu vulto*
> *em círculos concêntricos decresce,*
> *dança de força em torno a um ponto oculto*
> *no qual um grande impulso se arrefece.*

*De vez em quando o fecho da pupila
se abre em silêncio. Uma imagem, então,
na tensa paz dos músculos se instila
para morrer no coração.* [20]

Deixemos em suspenso nossa pantera em sua jaula e daqui a pouco retornaremos a ela.

Escrever é também girar. Mas girar em torno do quê? Escrevemos para fixar, ficcionalizar o nome que se apaga, adentrar minimamente nossos "insertões" para poder ver mais de perto a ferida, este íntimo expropriado por uma lógica de funcionamento das máquinas de poder, as quais tentam silenciar nossa inquietude com o espectro de pensamentos prêt-à-porter, nos dando a ilusão de que estamos tomando posição. Mas basta um pouco de distância deste motor ruidoso, que nos faz girar em círculos, para perceber que, por vezes, estes lugares que ocupamos estão esvaziados de sujeitos. Um lugar de sujeito, sabemos, só surge como efeito de um ato. É este que coloca em cena a radicalidade do discurso analítico que, como Freud indicou, abre espaço para que possamos saber um pouco mais sobre os avessos que nos constituem. Precisamos nos aproximar destes avessos como o faz a artista Rachel Whitehead, indicando o oco que recobrimos com imagens. Por esta razão, ocupar minimamente uma posição de autoria no pensamento implica, necessariamente, recusar o consumo de pensamentos de prateleira. Aqui nos aproximamos da radicalidade da experiência psicanalítica, que tenta fazer furo nestes espaços totalitários de discurso, abrindo para o sujeito a chance de uma narrativa por vir, de um mundo por vir, como enuncia Eduardo Viveiros de Castro. Não há esperança possível se não desligarmos a máquina de tortura de Kafka descrita em seu texto *Colônia Penal*, cujo funcionamento ruidoso impede que se escute qualquer palavra. Mas como desligar a máquina? Como desmontar a máquina? Como explodir a máquina? Como olhar para o interior da máquina para entender minimamente seu funcionamento? Sobre este ponto, Gaston Bachelard nos dá uma pista em seu ensaio "A terra e os devaneios do repouso".

"A partir dessa vontade de olhar para o interior das coisas, de olhar

---

20 RILKE, Rainer Maria. In: CAMPOS, Augusto. *Coisas e anjos de Rilke*. Editora Perspectiva, São Paulo, 2007, p. 57.

o que não se vê, o que não se deve ver, formam-se estranhos devaneios tensos, devaneios que formam um vinco entre as sobrancelhas. Já não se trata então de uma curiosidade passiva que aguarda os espetáculos surpreendentes, mas sim de uma curiosidade agressiva, etimologicamente inspetora. É esta a curiosidade da criança que destrói seu brinquedo para ver o que há dentro" [21]

Curiosidade agressiva! É aqui que o ato analítico entra em cena no espírito da curiosidade infantil e, diria mais, uma curiosidade que só se sustenta com uma coragem diante do risco de adentrar territórios desconhecidos. Aqui vislumbramos uma ética possível do "*Wo Es War, Soll ich Werden*" freudiano que eu traduziria por "Não renunciaremos a salvar o navio na tempestade, só porque não saberíamos impedir o vento de soprar". Esta é uma bela proposição do clássico texto de Tomas Morus *A utopia*, publicado em 1516, 500 anos atrás, portanto. Trata-se de uma ética do desejo!

A utopia, como todos sabem, é uma ilha de papel, uma ilha de discurso, uma ficção rebelde que convoca o desejo a ocupar posição, abrindo espaço para imaginar outros mundos possíveis, outras formas de viver, portanto tem a função crítica de desmontar as lógicas de vida que se instauram nos sujeitos como universais e naturais. Como lembra Ernst Bloch, em seu *Princípio esperança*, a utopia quer enxergar bem longe, mas apenas para atravessar a obscuridade mais próxima que acabou de ser vivida. Neste sentido, ela é uma convocação para um agir no aqui e agora. Não há violência mais cruel do que o anestesiamento de nossa capacidade de sonhar, de imaginar, de desejar. Neste ponto, Emil Cioran tem toda a razão ao lembrar que "Só agimos sob a fascinação do impossível: isto significa que uma sociedade incapaz de gerar uma utopia e de consagrar-se a ela está ameaçada de esclerose e de ruína". [22]

Quando nosso girar em circulo não sai do lugar, os automatismos de repetição nos levam para tão perto deste ponto de giro que corremos o risco de naufragar na própria ruína em torno da qual circulamos. Assim, giramos em torno da ruína, a ruína como objeto. Sigo aqui a pista de Gérard Wajcman no seu livro *O Objeto do século*, onde propõe pensar a ruína como objeto que se faz de restos de um objeto. Contudo, o trágico em cena

---

21 BACHELARD, Gaston. *A terra e os devaneios do repouso – ensaio sobre as imagens da intimidade*. Martins Fontes, São Paulo, 2003, p. 8.
22 CIORAN, Emil. *História e utopia*. Editora Rocco, São Paulo, 1994, p. 101.

é quando a ruina adentra cenários de esquecimento, lógicas de forclusão, em um tempo que pretendeu inventar destruições sem ruínas. Como lembrar aquilo que é sem resto? Aqui encontramos a potência política mais radical da psicanálise e da invenção freudiana que entra em cena para recolher, escutar, dar outras formas a estes restos. A experiência psicanalítica como literatura, *litter*, lixo, lixeratura, já que como evoca com toda razão Jacques Lacan, a literatura é uma acomodação de restos.

Giramos em círculos diante destas ruínas que se acumulam, como na imagem proposta por Walter Benjamin a partir da pintura de Paul Klee, *Angelus Novus*, na tentativa de escutar o que nos dizem. Sem esta escuta não sairemos do movimento de repetição paralisante e mortífero. Este é o anjo da história que, segundo Benjamin, "... vê uma catástrofe única, que acumula incansavelmente ruína sobre ruína e dispersa a nossos pés. Ele gostaria de deter-se para acomodar os mortos e juntar os fragmentos. Mas uma tempestade sopra do paraíso e prende-se em suas asas com tanta força que ele não pode mais fechá-las. Essa tempestade o impele irresistivelmente para o futuro, ao qual ele vira as costas, enquanto o amontoado de ruínas cresce até o céu. Essa tempestade é o que chamamos de progresso." [23]

Voltemos a nossa pantera/Rodin, rodeando em torno a um ponto oculto, músculos gradeados por rimas, imãs que acionam um magnetismo da origem que buscamos desvendar como um plano de voo possível para o que está por vir, origem como horizonte, *ursprung*, origem como salto, buscar o centro se distanciando dele, tentando abrir espaços de palavra e imagem em seu movimento circular nas bordas do discurso. O que está em jogo nesta cena em que o vulto pulsional em sua onda andante e flexível gira incessantemente em círculos concêntricos?

Proponho pensar este giro como da ordem do circuito pulsional. Meu ponto de partida é a proposição que Lacan vai fazer em 1969 no Seminário de "Um Outro a outro", trazendo para discussão a noção de CIRCARE. Ele define este termo da seguinte forma: "girar em círculos em torno a um ponto central, enquanto alguma coisa não é resolvida." Mas o que significa resolver? Não seria se aproximar tanto quanto possível deste ponto na medida que buscamos justamente as bordas do circuito em torno do qual nos movemos? Tensionar as bordas, correr o

---

23 BENJAMIN, Walter. *Obras escolhidas*, *Vol. 1*. Editora Brasiliense, São Paulo, 198, p. 226.

risco de buscar este lugar fora e assim tensionar o furo que nos constitui. Nos aproximamos deste furo na linguagem por aquilo que faz borda. Buscar este centro no ex-cêntrico e romper a lógica circular, pois mesmo que Copérnico tenha avançado um pouco trocando o objeto em torno do qual giramos, nada mais foi que um reformista, pois, lembra Severo Sarduy no seu texto sobre o Barroco, a verdadeira revolução foi a Kleperiana, que mostrou que nosso giro em torno do sol é elíptico. A elipse como perturbação do círculo, da cosmologia da esfera, a condição ex-cêntrica da elipse. A pulverização do centro, instituindo outro relação com o mundo, que eu nomearia como *Keplerização* da vida. Não é aqui que podemos chegar mais perto do que podemos nomear como subversão da psicanálise? A hipótese que nos parece evidente é que os sujeitos podem se situar de forma mais substancial no furo em torno do qual giram se conseguem tocar minimamente as bordas do discurso deste fora que os constitui. Não é este o fundamento do trabalho analítico, abrir espaço para um êxtimo que conjuga o íntimo radical e a exterioridade? Mesmo que este furo continue inacessível, há efetivamente ganho de posição se podemos tensionar as bordas que desenhamos em seu entorno. Quando o espaço de ficção engasga, não paramos de girar em torno de um eixo, como as ovelhas de Francis Alys na performance que fez na Cidade do México, intitulada "Contos Patrióticos". Como sabemos, as lógicas perversas do poder que se consagram a tapar o buraco no Outro, nos abrem muitos desertos, que, com suas proposições totalitárias de discurso, com suas certezas, com seus trilhos, lançam os sujeitos dentro de suas pequenas jaulas, suas opacidades subjetivas.

Rilke desmonta a jaula da pantera, abre um furo por entre as grades, injetando novas imagens. *Circare* vem do francês antigo *cerchier, chercher*, ou seja, procurar. Dali, também deriva círculo, circus, do grego *kirkus* (círculo, ringue). A palavra cárcere surge também desta mesma raiz.

Como desmontar a máquina para que possamos nos situar um pouco mais em relação ao ponto cego em torno do qual giramos? Como primeiro esboço de resposta, podemos dizer o seguinte: buscando o que faz furo no discurso, acionando seus limites, suas fronteiras, desvelando sua pretensão totalitária. Não é este o grande legado de Freud com a invenção da psicanálise, ao colocar uma agulha nos trilhos, exatamente como faz o artista Marcos Martins em um trabalho intitulado Floresta?

Na pantera de Rilke, a imagem se instila (instilar é verter gota a gota) para morrer no coração. Mas Rilke reage ao escrever um poema, acompanha a agonia da pantera, tenta apreender este girar em círculos para nos acordar (*cordi*, coração) e nos indicar que para pular para fora da jaula é preciso coragem (*cordi*), coragem de se aproximar deste ponto cego em torno do qual giramos incessantemente. Para isto, preciso imaginar um fora da jaula, atravessar as grades. Coragem de produzir atos que acionem outras posições possíveis no mundo, utopias, infinitivos de imagens por vir, imagens que recuperem a potência de colocar uma agulha no trilho ou uma música no coração, como o faz, uma outra pantera, Thelonius Monk, que fica girando no palco como um pião ao som de sua música. (ES)

ABRÃO SLAVUTZKY • EDSON LUIZ ANDRÉ DE SOUSA

Função: Estamira

> *eu osso de sons*
> *sendo*
> *no lixo a sós entre*
> *escombros*
> ANELITO DE OLIVEIRA [24]

Estamira, filme de Marcos Prado, nos introduz em uma experiência de limite. O espectador fica capturado pelo filme, em uma espécie de suspensão, com o risco iminente de submergir na radicalidade das imagens. Todo limite nos joga na tensão entre a forma e a sua dissolução. Talvez seja justamente este tensionamento que a arte produz: a forma que recorta o mundo para nos apontar o visível em sua potência de enigma.

Estamira nos surpreende com inúmeros excessos: da miséria, da dor, da negligência, da violência, do abuso sexual, das toneladas de lixo que chegam diariamente ao aterro sanitário de Jardim Gramacho, na Baixada Fluminense, no Rio de Janeiro. Este excesso, contudo, é contido, em parte, na determinação de Estamira, uma mulher de 63 anos, diagnosticada como esquizofrênica, e que há mais de vinte anos vive recolhendo seu sustento no lixão. Ela fala, grita, pensa, demonstra, faz, olha, argumenta. Sua voz é o fio condutor de toda a narrativa do documentário e revela o quanto o poder narrar e expressar um sofrimento faz a vida resistir, mesmo no meio dos escombros e dos detritos. Por isto, este filme fala de limite. Mário Peixoto, em um de seus inúmeros poemas sobre o mar, traz uma imagem inquietante e infelizmente tão atual. "Há os que preferem não ver. A vista das coisas é profunda demais para tão pequeno contato" [25]. No conforto do cinema

---

24 Fragmento do poema *Além da pele*. Esse poema encontra-se na coletânea organizada por Claudio Daniel e Frederico Barbosa intitulada *Na virada do século – poesia de invenção no Brasil*, Landy Editora, São Paulo, 2002, p. 42.
25 PEIXOTO, Mário. *Poemas de permeio com o mar*. Aeroplano Editora, Rio de Janeiro, 2002, p. 63.

podemos ouvir e ver a vida resistindo em palavras e tirando da invisibilidade e esquecimento tanta potência. Diante da tela, fazemos contato com nossa cegueira, contato com o que é abjeto e nojento, sensações que nada mais são do que ver o que produzimos nas mãos de outros e nas bocas de outros.

Testemunho

Estamira parece se sustentar no testemunho de uma experiência. Faz um grande esforço de transmissão. Como ela mesmo diz: *"A minha missão, além de ser a Estamira, é mostrar a verdade, capturar a mentira e tacar na cara"*. A palavra adquire, portanto, uma dimensão de salvação e de força crítica. Surge para revelar um potencial analítico rico de uma realidade cruel e injusta. Neste ponto, a vida de Estamira comprova, com todas as letras, o que Milton Santos aponta como o papel dos pobres em nosso contexto social:

"A pobreza é uma situação de carência, mas também de luta, um estado vivo, de vida ativa, em que a tomada de consciência é possível. Miseráveis são os que se confessam derrotados. Mas os pobres não se entregam. Eles descobrem cada dia formas inéditas de trabalho e de luta".[26]

Podemos ver no filme a sensibilidade de uma mulher que faz dos restos do mundo uma espécie de transfiguração de sentidos. Assim, o resto, ao passar por suas mãos, por seu pensamento, por seu discurso, adquire uma outra significação. Ela chega a fazer uma elaboração sobre o estatuto destas sobras, dizendo que no lixão onde trabalha "às vezes é só resto, e às vezes vem também descuido. Resto e descuido." É neste ponto preciso que Estamira nos indica uma função do olhar, pois é desde sua posição singular que pode recuperar um estatuto para aquilo que foi rejeitado e eliminado. Junto com o lixo vêm, evidentemente, muitos pensamentos e imagens de uma sociedade do exagero, do consumo compulsivo, do descuido e da negligência. Estamira se dedica pacientemente a uma análise deste panorama, discorrendo uma série de teses sobre a vida. Seu pensamento é rico em imagens, definições e metáforas. Faz distinções importantes entre trabalho e sacrifício, entre o ser ruim e o ser perverso, entre a doença mental e a

---

26 SANTOS, Milton. *Por uma outra globalização – do pensamento único à consciência universal.* Editora Record, Rio de Janeiro, 2000, p. 132.

perturbação, entre o homem ímpar e a mulher par, entre "os *espertos* e os *espertos ao contrário*," entre o além e o *"além dos além"*. Produz, em minha opinião, uma autêntica e rigorosa teoria sobre o laço social e que Marcos Prado soube tão bem recolher, organizar em imagens e apresentar em seu filme.

Indignação

Estamira não tem papas na língua. Sua revolta surge misturada com seu delírio, o qual tem a lucidez de apontar alguns traços do sintoma social de nosso tempo. A burocratização do saber se faz presente em sua queixa de encontrar doutores *"copiadores de receitas"*. Interroga, portanto, os automatismos das prescrições. É possível detectar no filme um momento em que se dirige ao serviço de saúde mental, dando seu depoimento sobre o estilo do atendimento. Sua fala indica o quanto vivemos em um tempo do apagamento da singularidade. Estamira identifica com precisão este ponto quando fala com indignação sobre os remédios que lhe são prescritos. Ela diz não entender como podem dar a mesma medicação para tantas pessoas com sofrimentos tão distintos. Mostra sua ficha de consultas e lê pausadamente seu diagnóstico: "portadora de quadro psicótico, com evolução crônica, alucinações auditivas..." Sua leitura é lenta, buscando o som de cada sílaba e nos dando a nítida sensação da pobreza do diagnóstico que tenta capturar e descrever a potência do seu sofrimento. Para escutá-la, é preciso tempo e uma disponibilidade para se orientar em uma história complexa, com muitas violências, e que ela sabe narrar com detalhes.

Estamira é como um espelho quebrado que revela fragmentos da vida de muitos brasileiros. Conta, por exemplo, que aos 12 anos foi levada à prostituição pelo avô materno e revela como foi abusada sexualmente por ele. Segue-se um casamento infeliz, marcado por um enredo tão conhecido: álcool e violência. Ela sabe o valor do que tem a dizer e o filme se sustenta em grande parte em suas palavras. Aponta uma função enganadora do discurso, na qual podemos identificar a face perversa do poder. Não se trata, deste modo, do engano que é próprio de qualquer equívoco, de qualquer lapso, os quais, como mostrou Freud, restauram a potência de verdade do significante. Trata-se, outrossim, de algo que estaria mais próximo das significações impostas, as quais ela nomeia de *"trocadilo"*. Segundo ela, este *"faz as pessoas viverem na ilusão e acreditar em coisas que não existem"*. O *trocadilo* cumpre, portanto, a função de ser sua palavra de ordem, na qual concentra sua denúncia em relação às injustiças que sofreu. Situações devoradoras, imagens crocodilos que a engoliram e que a obrigaram a construir sua vida sempre na fragilidade de um equilíbrio mínimo.

Neste ponto, o filme como método indica seu parentesco com o trabalho psicanalítico na medida em que se entrega à escuta de uma história que se reconfigura pelo simples fato do seu relato. Ao narrar a alguém a sua história, Estamira vai desenhando para o espectador dois cenários possíveis. Por um lado, vemos a lógica de clausura em sua vida e que tanto conhecemos no cenário social do Brasil: pobreza, abuso sexual, abandono e agressão por parte do marido, histórias de internação psiquiátrica na família. Por outro lado, desenha um percurso de autoria, mesmo com todas as adversidades que teve que enfrentar. Tem coragem de expor o que pensa, confrontar a estrutura da religião e discorrer criticamente sobre a função Deus.

Palavras

O documentário é potente em imagens e costurado com uma trilha musical densa e no ritmo dos contrastes luz/escuridão, vida/morte, palavra/silêncio, terra/mar. Discordo dos que consideram que o filme explora uma estetização da pobreza. Prado tenta mostrar outro universo, outro olhar, e que nem sempre estamos dispostos a ver. Há muitas imagens eloqüentes e que nos ajudam a pensar: Estamira caminhando em silêncio e um mar revolto no fundo da cena, indicando uma espécie de transbordamento interior, e o som inquieto do vento, mostram uma monocromia e sinfonia do desespero.

Uma das cenas que mais impressiona é quando um dos amigos de Estamira surge no meio do lixo e começa a apresentar um a um seus cachorros. Ele vai nomeando os cachorros e temos a exata sensação do que tanto aprendemos com a arte de que o ato de nomear é um dos motores da criação. Ele surge, como Fênix do meio das cinzas, e recria o mundo com a força das palavras. Aqui, nomear é reconhecer e, talvez por isto, Estamira insista tanto em repetir seu nome. Prado foi preciso ao intitular o documentário com um nome próprio. O nome reconhecido faz a vida resistir.

Língua Estrangeira

Estamira nos coloca poeira nos olhos. Nos sujamos com nossa própria ideia de progresso e quando vemos aquele burburinho de seres humanos disputando o lixo junto com os urubus nos perguntamos novamente sobre de que progresso estamos falando! Podemos lembrar aqui uma reflexão do Karl Kraus sobre o sentido do progresso. Ele nos diz: "a máquina serve à grande propagação da poeira."[27]

Esta poeira perturba nosso olhar e nos introduz em uma história dos objetos rejeitados. O filme mostra a potência adormecida em toneladas de restos, permitindo que muitas pessoas possam tirar seu sustento de uma pilha de detritos. Como diz Estamira, "conservar as coisas é proteger". Mas este lixo que não queremos ver foi produzido também por nós.

Estamira busca o controle e institui um mecanismo acionado pelo que ela chama seu controle remoto. Em momentos de crise, ela se vê ameaçada em seu controle e presenciamos uma fala enigmática, com sons incompreensíveis. Não sabemos o que está dizendo, mas neste contexto talvez o mais importante seja como diz. A voz adquire sua potência de pura voz e assim esta mulher tenta narrar o inarrável. Sua voz grita junto com os trovões.

Marcos Prado precisou de mais de três anos para preparar este documentário. Soube ser paciente e respeitar o tempo do acontecimento. Teve a autorização de Estamira e foi para ela que mostrou em primeira mão a versão final, pedindo o seu consentimento. Portanto, este é um filme de verdadeira parceria e legitimidade.

Estamira nos humaniza, abre outros horizontes e recupera na voz e nos gritos de indignação a responsabilidade do viver. Mostra também a mulher/mãe que, mesmo na miséria e mergulhada no sofrimento psíquico, soube cuidar dos filhos. Ela nos indica o limite, mas sonha com o além dele. Ainda bem! Como lembra Ernst Bloch, em seu *Princípio Esperança*, "A falta de esperança é, ela mesma, tanto em termos temporais quanto em conteúdo, o mais intolerável, o absolutamente insuportável para as necessidades humanas".[28] A filosofia de Estamira se move em outros universos, mas não deixa de *mirar esta* esperança. Olha o que nos diz: "Tem o eterno, o infinito, o além e o além dos além. Este, vocês ainda não viram...".

---

27 KRAUS, Karl. *La littérature démolie*. Editions Rivages, Paris, 1990, p. 138.
28 BLOCH, Ernst. *O Princípio Esperança*. Editora Contraponto e Editora da Uerj, Rio de Janeiro, 2005, p. 97.

IMAGINAR O AMANHÃ

Em um tempo tão asséptico e técnico, seduzido pelo capital e velocidade, pela imagem e as vitrines coloridas, pelo prestígio sem obra e pelos espertos, pela indiferença com o outro, pela violência que nos afoga e o silêncio diante do horror, pela burocratização do amanhã, o *"além dos além"* pode ser simplesmente a recuperação de uma sensibilidade que possa se indignar diante do intolerável. Não basta o talento e a coragem de mostrar em imagens esta realidade, como fez Marcos Prado. É preciso ainda pessoas que queiram ver, cumprindo a fundamental função de testemunhar. Certamente, destas imagens outras atitudes surgirão. (ES)

Eu sou uma pergunta

"Eu sou uma pergunta", escreveu Clarice Lispector. Escreveu desde os treze anos até morrer. Foi a forma de buscar as respostas para suas perguntas. Clarice escreveu que era uma pergunta, e concluiu: "Sou tudo que não tem explicação/Sou alguém em constante construção". É uma das maiores escritoras brasileiras, recordada no centenário de seu nascimento em 2020, com reedições de seus livros. São cem anos, e sua obra permanece, cresce ano a ano, com teses, ensaios, pois suas histórias e perguntas seguem tocando leitores de muitas gerações.

O valor da pergunta foi estabelecido por Sócrates, passando pelos sábios talmúdicos e a história das ciências. A frase "eu sou uma pergunta" é uma das chaves para entrar no mundo misterioso de Clarice, como definiu o poeta Carlos Drummond de Andrade, no dia seguinte à morte da escritora: "Veio de um mistério/partiu para outro". Os mistérios que tocam a alma dos sofredores, dos perseguidos, dos angustiados em um mundo desamparado. Clarice teve a coragem de virar a vida ao avesso, a coragem de uma pensadora que viveu em constante construção, como escreveu, mas também, a partir de algum momento, em constante destruição. Sua tendência sofredora evoluiu e seu analista disse que, mesmo sendo fantástica, nunca vira alguém com tanta ansiedade. O mesmo disseram alguns de seus amigos, e a própria Clarice confessou que não se aguentava e aos poucos foi se sentindo cada vez mais só e abatida.

Comecei a ler Lispector pela sua crônica "Pertencer", e fiquei impressionado com seu desejo de castigo: "Minha mãe já estava doente, e, por uma superstição bastante espalhada, acreditava-se que ter um filho curava uma mulher de uma doença. Então fui deliberadamente criada, com amor e esperança. Só que não curei minha mãe. E sinto até hoje essa carga de culpa: fizeram-me para uma missão determinada e falhei". O pensamento de sua vida foi dominado por crenças mágicas que curavam as doenças e Clarice nunca ocultou seu misticismo. Ela bebeu no judaísmo familiar, no cristianismo do Brasil, nas cartomantes, e fortaleceu suas crenças, que também justificaram sua necessidade de castigo. Em seu conto "A felicidade clandestina", escreveu: "A felicidade sempre iria ser clandestina para mim". A escrita foi sua saída vital: "Eu escrevo e assim me livro de mim e posso descansar" e "Sou tão misteriosa que não me entendo". Leio Clarice e sinto vontade de abraçá-la, mas me sinto também abraçado, pois ela fala dela, fala da gente.

O estranho do qual tanto escreve Clarice vive nos sonhos, ela revela o estranhamento, pois todo ser humano é habitado pelo desconhecido inconsciente. O estranho da escritora está também na crueldade, como ela denúncia em sua obra. Aliás, em 1968, esteve na primeira fila da famosa passeata dos cem mil, no Rio de Janeiro, contra a ditadura. Hoje está traduzida em trinta idiomas, com sucesso crescente, porque os mistérios de Clarice são os mistérios da condição humana. Às vezes, só às vezes, penso no absurdo do homem, como escreveram Kafka, Camus e a própria Lispector.

Na sua lápide, no Cemitério Israelita, está escrito seu nome em hebraico, Chaya, como determina a tradição judaica. Sua frase "Eu sou uma pergunta" poderia ser estendida para nós, que também somos perguntas. Não faltam enigmas, felizmente. Clarice surpreende em suas frases, como essa pergunta: "O que é uma janela senão o ar emoldurado por esquadrias?". (AS)

ABRÃO SLAVUTZKY • EDSON LUIZ ANDRÉ DE SOUSA

O poema de cada um

A vida é prosaica e poética, prosaica nas contas, nas compras, no trabalho, na ordem; a vida poética está na arte, no amor, humor, na surpresa. A surpresa é a irrupção na vida de uma experiência marcada pelo encontro, seja encontrar amigos numa feira ou os olhos que tocam a alma. A criança vive surpresa, tem dificuldade para adormecer porque está contente, há sempre brinquedos e histórias para escutar.

A surpresa também pode ser uma nota azul, uma nota especial, um momento de entusiasmo. Foi essa nota azul que o psicanalista/artista Alain Didier-Weil definiu como o reencontro da surpresa. Esse caminho leva ao poema perdido de cada um, para assim dar continuidade a ele. Caminho que passa pela música e convive com as contradições, os conflitos, na celebração da existência. Fazer as pazes até com seus sintomas, é quando a gente vive o encanto de ser quem é.

Encontrar seu poema é festejar a surpresa na relação com o outro, abraçar, erotizar o cotidiano. O que impede a surpresa é a vivência da morte, uma morte que mantém uma pessoa atada às perdas, aos pais, é viver mortificado na servidão. A vantagem da servidão é manter o amparo no vício destrutivo, na autocrítica constante, na submissão ao outro. É preciso renunciar à majestade que cada um foi num distante passado. Essa renúncia é um luto necessário, para perceber a luz do espanto, já não como pequeno, mas como grande. Um exemplo é o encanto de uma frase, lida ou escutada quase sem querer, gerando um impacto, construindo pontes. E assim o leitor transforma o que foi escrito, expandindo a vida, e se vicia pela curiosidade de conhecer.

A surpresa pode estar também na tristeza, pois as lágrimas abrem as portas de um sorriso no amanhã. A água do choro pode ser água benta, lava a alma; já os que vivem se queixando da vida não encontraram ainda seu poema. Ler outras histórias tristes é perceber como na tristeza também há o canto e o encanto.

Em *Grande sertão: veredas*, do escritor Guimarães Rosa, há uma definição de vida: "O correr da vida embrulha tudo, a vida é assim: es-

IMAGINAR O AMANHÃ

quenta, esfria, aperta e daí afrouxa, sossega e depois inquieta. O que ela quer da gente é coragem". Creio que a coragem de ser livre é tanto construir um caminho novo como recuperar o caminho perdido. Coragem para viver com as artes, criando e não só se adaptando à vida como ela é. Rosa acentua a coragem de viver, ousar pensar para não viver escondido nos demais. Coragem de dizer não à rotina do mais ou menos, ou de se orgulhar de pensar sempre a mesma coisa. Viver é aprender a arte da metamorfose. E, hoje, temos muito a aprender, não só sobre si, mas aprender com o outro, a condição humana.

Acredito na difícil busca de cada um pelo seu poema até por vício profissional. E às vezes, quando otimista, sonho com a construção do poema conjunto, de cada um pondo sua palavra, seu silêncio, sua surpresa. E assim seria criado, ao longo dos tempos, um poema de todos, um poema de outro amanhã. Aqui também entra a coragem de viver, definida por Guimarães Rosa. Coragem para quebrar o gelo da crueldade, abrindo espaço para o sonho do poema e abrindo os olhos às maravilhas do mundo. (AS)

ABRÃO SLAVUTZKY • EDSON LUIZ ANDRÉ DE SOUSA

Ainda assim eu me levanto

Quando conheci Maya Angelou foi um amor à primeira vista. Há um documentário sobre ela, e vendo esse filme fiquei fascinado com o seu exemplo de vida. O seu poema mais famoso é *Ainda assim eu me levanto* (Still I Rise), que começa assim: "Você pode me inscrever na História/com as mentiras amargas que contar,/Você pode me arrastar no pó, mas ainda assim, como o pó, eu vou me levantar".

Maya Angelou (1928-2014) foi uma poeta americana, jornalista, cozinheira, condutora de bondes, cantora, bailarina, diretora de cinema, entre outras atividades. Ativista dos Direitos Humanos na defesa dos negros, das mulheres, viveu também na África, conviveu com Martin Luther King, conheceu Nelson Mandela. Foi escolhida pelo presidente americano Bill Clinton para ler um poema seu na posse dele. Escrevo em homenagem às mulheres negras como ela e Marielle Franco, cujo assassinato segue impune. Também porque lembro o impacto do que disse a cantora Elza Soares: "A carne mais barata no Brasil é a carne da mulher negra". O Brasil foi o último país a terminar com a escravização negra no mundo ocidental. Os escravizados não tinham direito a nada, a não ser servir os brancos da Casa Grande. Os negros e os sofredores do mundo lutam para se levantar.

Ainda assim eu me levanto é um canto ético para todos. Negros, brancos, pobres ou não, enfim todos que vivem ou viveram quedas e perdas. Não conheci até hoje quem não tenha caído e sentido o chão se abrir e afundar. Admirável quem, após uma derrota, uma perda afetiva, consegue reunir forças para se levantar. Já vivi e convivo com traumas dolorosos, dentro e fora do consultório. Lembro, por exemplo, de um casal que tinha vários filhos jovens e um deles, com pouco mais de vinte anos, estava muito doente. Ele tinha câncer e, ao longo dos meses, foi piorando e terminou morrendo. Nunca os esqueci, pois as consultas eram quase sempre com choros, e muitas vezes tive vontade de abraçá-los e chorar junto. Os anos passaram e um dia nos vimos num supermercado. Fiquei, por segundos, parado, pois não sabia se

IMAGINAR O AMANHÃ

desejariam conversar. E terminou sendo um encontro inesquecível. Foi emocionante escutar como se levantaram, lentamente, diante da tragédia que viveram. Escrevo para agradecer.

A história social e a individual se encontram, convivem, são histórias que se cruzam no tempo e no espaço. Gosto de recordar que vivemos tempos contrastantes. Há os tempos de chuva e de sol, tempos de alegria e tristeza, tempos de plantar e colher, tempos democráticos e autoritários. Muitos afirmam que os ventos seguirão trazendo tempos de ódio e violência. Diante das tempestades é importante não se isolar, nem se desesperar. Há forças criativas e construtivas germinando.

É possível viver melhor quando se mantém a virtude do espanto. Do espanto nasce o conhecimento, já ensinaram os filósofos da Grécia. As crianças vivem espantadas, tudo é novidade para elas. Reaprender as possibilidades de surpreender-se com frases, sentimentos, músicas, são graças diante das desgraças. Como foram os momentos de espanto com o diálogo no supermercado ou uma poesia como "Ainda assim eu me levanto". (AS)

IV – As chagas que nos assombram

Humilhação

Humilhação é uma das palavras essenciais para se pensar a vida e a obra de Kafka. Na novela *Metamorfose*, um homem desperta um dia transformado em inseto; em *O Processo*, K é acusado não sabe do quê, e *Carta ao pai* são cartas de queixas de um filho humilhado. O escritor expressa suas amarguras do quanto foi desprezado pelo pai frio e autoritário. Na verdade, a humilhação faz parte da vida de todos, de cada um de nós, é a expressão do masoquismo que se manifesta na submissão, mortificação, degradação. Um viés das humilhações é a melancolia, um sentimento de inferioridade que aflige e, às vezes, domina a vida sofrida. O humilhado pode ter no humor um apego pulsional à vida, como ocorreu com Kafka; quando lia suas histórias estranhas aos amigos, todos se divertiam.

São vários os efeitos da humilhação, e um deles é o ressentimento, um sentimento de raiva. O ressentido busca, muitas vezes, a vingança como forma de recuperar a dignidade. A palavra humilhação pode ser útil a cada um para pensar sua novela familiar, o sentimento de exclusão, sacrifício ou desprezo. E também há estudos sobre as humilhações sociais, como o racismo no Brasil. No livro *O povo brasileiro*, de Darcy Ribeiro, ele constata que os brasileiros são a doçura mais terna e a crueldade mais atroz, gente sofrida e gente insensível e brutal. Conclui com uma frase-chave para hoje: "A mais terrível da nossa herança... é a cicatriz do torturador impressa na alma e pronta a explodir na brutalidade racista e classista". Essa frase embasa o conceito de racismo estrutural.

O país viveu, recentemente, a maior humilhação já imposta a um presidente na nossa História, quando prenderam Lula. Cada dia é mais evidente que sua prisão foi um ato cruel da renovada Casa Grande para

IMAGINAR O AMANHÃ

destruir um líder popular. Ao longo da História os povos que perdiam as guerras, eram escravizados ou mortos. Os judeus viveram dois mil anos de humilhações, expulsos de todas as partes, e no nazismo foram humilhados e depois assassinados.

A humilhação é uma experiência de impotência, é um ferimento na autoestima, é uma desvalorização, é não ser respeitado. Muitas vezes, os sentimentos de humilhação dos vencidos tardam em ter um reconhecimento histórico e reparatório. Já a luta pela dignidade recompensa, pois é no embate que se abrem espaços para crescer.

Uma novidade atual da humilhação política é analisada no livro "Guerra pela eternidade", de Benjamin Teitelbaum. É o movimento dos brancos, que defende a necessidade de ter uma pequena elite no topo de uma pirâmide, abaixo do qual estão os guerreiros, comerciantes e, finalmente, a base popular. Tem como objetivo a volta aos valores do passado, e por isso ataca as ciências, as artes, bem como os direitos dos trabalhadores. Buscam a destruição da sociedade atual para retornar a uma escala vertical do valor humano, onde uns podem tudo e a maioria nada. Os líderes desse movimento do retrocesso estão sempre em guerra, alimentam o ódio, humilham os que ousam pensar. A guerra pela eternidade mata o mundo nos ataques à natureza, à cultura e o humanismo.

A humilhação é aliviada na rebeldia das artes, na leveza das palavras, na graça, nos laços afetivos. A dignidade cresce no sorriso, na luta, nas parcerias que geram entusiasmo. Diante do desânimo de uma época de isolamento social, é preciso buscar os apoios possíveis para diminuir o sofrimento. Estimular a imaginação na construção de um sentido, em oposição ao vazio de sentido, é o nosso desafio. (AS)

ABRÃO SLAVUTZKY • EDSON LUIZ ANDRÉ DE SOUSA

O bode expiatório brasileiro

Escutei muitas vezes que os judeus foram um bode expiatório na História. Tardei em entender o que o judeu tinha a ver com o bode. No livro *Levítico* da Bíblia (16:7-22) está escrito que no Dia da Expiação, Yom Kippur, também chamado de Dia do Perdão, o Sumo Sacerdote levava dois bodes ao Templo. Um era sacrificado pelos pecados do povo e o outro era a quem se transferiam os pecados do povo. Depois esse bode era solto no deserto. Agora os judeus religiosos usam galinhas na véspera de Yom Kippur, e quando criança vivi esses rituais. Não era agradável ter um galo agitado acima da cabeça enquanto eram feitas rezas.

A expressão bode expiatório passou a expressar o que havia de pior na gente, projetado nos outros. Os outros são os diferentes, os estranhos, estrangeiros. Na Idade Média, os judeus se transformaram no bode expiatório preferido. Também as mulheres, através das sábias bruxas e feiticeiras, foram castigadas e mortas nas fogueiras. O mesmo ocorreu com os negros na longa escravização das Américas. Nas famílias e nas escolas, podem escolher uma vítima para atacar. O mesmo com os LGBT, que tantas vezes são maltratados. O ódio é poderoso e precisa de vítimas para gozar. Lembrem a música "Geni" do Chico Buarque: "Joga pedra na Geni, joga bosta na Geni". Montaigne, em seus Ensaios, escreve que os tiranos empregam sua arrogância para prorrogar a morte de seus inimigos e assim saborear sua vingança.

O bode expiatório é a projeção inconsciente de tudo que é ruim no outro. A projeção é uma defesa arcaica que se encontra nos seres humanos, mas em particular na paranoia. Faz parte da condição humana esse comportamento, como ocorre nas superstições. Um exemplo é o pobre número treze, que não tem culpa alguma de ser chamado de treze, mas está marcado como número do azar.

Hoje escrevo pensando num dos bodes expiatórios do Brasil, que é Lula. Lembro o porteiro de um prédio que me disse há anos: "Tudo que desejo é ver Lula na prisão". Fiquei impressionado por ele ser alegre e de repente ter irrompido seu ódio. Lula saiu do governo com 83% de aprovação da população após oito anos, em dois mandatos. Foi reconhecido aqui e no mundo pelas melhorias sociais na saúde, na educação e na dignidade que seus governos geraram a milhões e milhões de pobres. O Brasil cresceu economicamente uma média de 4% ao ano. Houve erros graves nos governos do PT e no partido. Falei com militantes abatidos com os destinos partidários desde o mensalão. O PT, ao chegar ao poder, tentou se sustentar como fazem todos os partidos e aí errou o caminho. Não é fácil governar para o povo numa sociedade comandada por elites que só pensam nos seus auxílios e vantagens. O ódio a Lula e à esquerda cresceu ano a ano, silenciosamente, até o golpe de 2016.

Lula foi marcado como ladrão e corrupto, pois essas palavras foram repetidas milhões de vezes em todas as mídias. Os demais são quase esquecidos. Dá a impressão de que alguns juízes agem em estado de exceção e invocam a teoria do domínio do fato, que nunca foi usada no Brasil. Prenderam o Lula por um triplex que nunca foi dele. O juiz condutor do processo conviveu com líderes do PSDB e posteriormente ingressou no ministério do presidente eleito, e tudo pareceu normal! Ele se vendia como técnico, não político, no que foi a melhor piada de 2018. Todorov afirmaria que os inimigos íntimos da democracia tomaram conta do poder.

Norberto Bobbio escreveu: "O fascista fala o tempo todo em corrupção. Fez isso na Itália em 1922, na Alemanha em 1933 e no Brasil em 1964. Ele acusa, insulta e agride como se fosse puro e honesto". Bobbio pode exagerar, mas tem que ser levado em conta quando se trata de política.

Foi pequeno ou nulo nosso poder de influência sobre a prisão de Lula. Escrevo agora para lembrar que o humanismo está ferido e sonhar é mais do que preciso. Na tristeza podemos voar para Pasárgada com Manuel Bandeira. E lembrar que estão do nosso lado, os artistas, os cientistas, os humanistas e todos que amam a democracia. (AS)

ABRÃO SLAVUTZKY • EDSON LUIZ ANDRÉ DE SOUSA

Viver os sonhos

Meu interesse pelos sonhos começou cedo. Muitas vezes escutei a história de José, que interpretou os sonhos do Faraó sobre as vacas gordas e as vacas magras. Acertando na previsão do sonho, José conquistou a liberdade, pois estava preso, e tornou-se uma espécie de primeiro-ministro do Egito. Cedo entendi que decifrar os sonhos é importante.

Um descendente de José, Freud, escreveu o livro *Interpretação dos Sonhos*, onde o sonho noturno foi definido como a via régia do inconsciente. As raízes dos sonhos estão no passado, e as cenas são desconcertantes, há sempre um desejo inconsciente no sonho. Para encontrá-lo, é preciso montar um quebra-cabeça a partir do que o sonhador associa com os elementos do sonho. Os sonhos são uma forma de matar as saudades das separações. Todo sonho é resultado das vivências, imaginações e o trabalho do sonho transforma impulsos e lembranças inaceitáveis em histórias. O que não falta na realidade psíquica é o trabalho, como o trabalho do sonho, o trabalho do luto, o trabalho da pulsão, o trabalho de elaboração.

Um breve exemplo de sonho, que volta e meia trabalho: há anos, tive um sonho em que aparecia o número 1.649. Quando acordei, busquei fixar o centro do número, que é 64, pois achei fácil memorizar o 1 e o 9. E logo pensei no ano 1964 (os mesmos números do sonho), em que ocorreu o golpe militar, um golpe assustador. Fui para o passado com os números 54 e 44. Em 1954, o presidente Getúlio Vargas se suicidou e, como criança, vivi outro golpe traumático. Finalmente, em 1944, minha irmã nasceu, e pensei que foi uma forma de lembrar sua morte. Três datas, três golpes, 64, 54 e 44, ligadas a perdas dolorosas: da democracia em 64, da morte do presidente em 54, e da irmã pelo número 44, onde nascimento e morte se ligam. Agora, no ano 74 foi o meu casamento, 84 o nascimento do terceiro filho, são associações com números marcantes. Uma vida pode ser contada pelos golpes vividos, e pelas conquistas, e os sonhos permitem conhecer o reprimido. Assim os sonhos trazem o passado para o presente.

Um outro sentido da palavra sonho são os sonhos diurnos nos

quais sonhamos sobre desejos, ambições. Muitas vezes sonhamos com amores, também há os sonhos sociais, que envolvem o mundo. Há sonhos que nunca se concretizam e aí podemos ficar desanimados. Por outro lado, é melhor sonhar do que só pensar no dia a dia e esquecer as estrelas. Os Rolling Stones têm uma frase na música *Ruby Tuesday* que convém lembrar: "Catch your dreams before they slip away" (Pegue seus sonhos antes que eles escapem). Ir atrás de um sonho, ter um ideal, compartir a vida, as dúvidas, as angústias, faz bem. Os sonhos, em geral, geram alívios, como intuiu Cervantes:

O sonho é o alívio das misérias.

Entretanto, muitas vezes os sonhos escapam, tanto os sociais como os individuais. Ora sonhamos muito alto, e são objetivos impossíveis, mas convém seguir em frente e seguir tentando agarrar os sonhos para que eles não escapem.

Os sonhos noturnos são importantes para o conhecimento da realidade psíquica. Já os sonhos sobre o futuro precisam ser compartidos. Compartir os sonhos, viver os sonhos, sonhar de mãos dadas, pois a vida também é sonho. (AS)

ABRÃO SLAVUTZKY • EDSON LUIZ ANDRÉ DE SOUSA

Brasil – uma ferida na memória

> *Ser forçado a presenciar o suplício, como espectador, destroça mais do que o suplício em si. De simples vítimas, passamos a ser vítimas da brutalização das vítimas*
> FLAVIO TAVARES

> *Não existe um único pensamento importante que a estupidez não saiba imediatamente utilizar. A estupidez de que se trata aqui não é uma doença mental; nem por isso deixa de ser a mais perigosa das doenças do espírito, pois ameaça a própria vida*
> ROBERT MUSIL

Stefan Zweig publicou um livro sobre nosso país, que o acolheu em sua fuga da barbárie nazista, intitulado *Brasil: país do futuro*. Era sua forma de homenagear esta terra prometida, talvez de forma exagerada, pois naquele momento o Brasil já trancava suas portas aos que fugiam da Europa. Este livro foi fruto de um negócio com o governo. Escreveria um ensaio sobre o Brasil em troca de um visto permanente para ele e sua mulher. Como lembra Alberto Dinis no prefácio de uma das edições brasileiras, ele enxergou em nosso país um espírito de conciliação.

Contudo, basta lermos o final da introdução de Zweig para lembrar o quanto acabou sendo um joguete político nas mãos da ditadura de Getúlio Vargas. Conciliação impossível quando não há garantia de cumprimento de alguns preceitos éticos que possam honrar a verdade e a justiça. A conciliação brasileira tem sido muito "prejudicial à nossa história já que não permitiu rupturas em nosso processo histórico" lembra Paulo Ribeiro da Cunha". [29]

Zweig se enganou e talvez esta decepção o tenha levado ao suicídio. Mas foi lúcido o suficiente para apontar no final do seu prefácio o que considera fundamental para que haja futuro. "Onde quer que forças éticas estejam trabalhando é nosso dever fortalecer esta vontade. Ao

---

[29] SAFATLE, Vladimir.; TELES, Edson. (Orgs.). *O que resta da ditadura*. Boitempo, São Paulo, 2010, p. 38.

89

vislumbrar esperanças de um novo futuro em novas regiões em um mundo transtornado, é nosso dever apontar para este país e para tais possibilidades".[30]

Só há futuro se pudermos não virar as costas para nossa história, como indica com precisão cirúrgica Walter Benjamin em seu ensaio "Sobre o conceito de história". A partir de um quadro de Paul Klee, *Angelus Novus*, ele indica este impasse entre Memória e Esquecimento.

> O anjo da história deve ter esse aspecto. Seu rosto está dirigido para o passado. Onde nós vemos uma cadeia de acontecimentos, ele vê uma catástrofe única, que acumula incansavelmente ruína sobre ruína e as dispersa a nossos pés. Ele gostaria de deter-se para acordar os mortos e juntar os fragmentos. Mas uma tempestade o impele irresistivelmente para o futuro, ao qual ele vira as costas, enquanto o amontoado de ruínas cresce até o céu. Esta tempestade é o que chamamos progresso [31].

Progresso e Ordem/Ordem e Progresso e a insistência em manter os arquivos da história fechados, lacrados. Temos direito às caixas pretas que registram os desastres dos quais fomos vítimas. Não podemos ler na faixa branca de nossa bandeira uma interdição à verdade? Fundamental lembrar que o lema positivista que inspirou este escrito dizia: amor, ordem e progresso. Precisamos recuperar esta rasura insistindo sempre no amor à verdade, à justiça, ao respeito. Como canta Jardes Macalé, "roubaram o amor de nossa bandeira".

Como todos sabem, os torturadores em nosso país não foram julgados, continuam impunes, e a tortura não é somente uma prática do passado. Está viva hoje em nosso cotidiano, e a pergunta fundamental é saber o que faz com que isto perdure. Que espécie de espectadores somos, evocando aqui a citação de Flávio Tavares que abre este escrito? Não surpreende a decisão do Supremo Tribunal Federal de não acolher o pedido de revisão da lei de anistia, que possibilitaria o julgamento dos torturadores e o reconhecimento pelo Estado

---

30 ZWEIG, Stefan. (1941). *Brasil, um país do futuro*. LPM, Porto Alegre, 2006. p. 23.
31 BENJAMIN, Walter. *Sobre o conceito de história*. In: *Obras Escolhidas*. Brasiliense, São Paulo, 1994, p. 226.

das atrocidades que cometeu no período da ditadura. Ali se perdeu a chance de um outro futuro.

Não surpreende, pois, que em 2008, quando o ministro da Justiça, Tarso Genro, e o secretário nacional dos Direitos Humanos, Paulo Vannucchi, entraram com recurso no Supremo Tribunal Federal para a revisão da Lei da Anistia de 1979, o presidente do STF tenha declarado enfaticamente que "a revisão pode levar à desestabilização política". Fantasma que engendra um medo irracional, oportunista, e que, como sabemos, não foi o caso de países como Argentina, Chile, Uruguai, África do Sul (onde mesmo que não tenha havido punição aos torturadores, estes foram levados a confessar suas atrocidades). O que sabemos por vários estudos é que, onde houve punição, foi significativa a diminuição da tortura nos crimes comuns.

Hoje, no Brasil, a tortura infelizmente é moeda corrente, e o que é pior, feita de forma escancarada. Como é possível conviver com a ideia de que muitos torturadores ainda são vistos como heróis, inclusive sendo premiados pela barbárie que cometeram? E isto em um momento de plena vida democrática. Vejamos dois exemplos estarrecedores. Como lembra Jorge Zaverucha, na grande maioria dos países democráticos o Senado tem o direito de aprovar ou vetar a promoção de oficiais superiores. No Brasil, o artigo 84-XIII estipula que o presidente da República é a única autoridade responsável pela promoção de generais. Diz Zaverucha que, ao receber a lista de promoções das autoridades militares, é praxe aprová-la. "As Forças Armadas tornam-se uma extensão do Poder Executivo em detrimento do Legislativo".[32]

Foi assim que Fernando Collor promoveu o General José Luiz da Silva, que comandou a invasão militar de Volta Redonda, e que resultou na morte de três operários. Também Itamar Franco promoveu o coronel-médico Ricardo Fayad ao posto de general, cinco dias depois de ele ter sido condenado e perdido sua licença de praticar medicina pelo Conselho Regional de Medicina do Rio de Janeiro, por inúmeras acusações de ter participado de tortura durante o regime militar. O Grupo Tortura Nunca Mais pediu, em vão, que este torturador passasse para a reserva.

---

32 ZAVERUCHA, Jorge. *Relações civil-militares: o legado autoritário da Constituição brasileira de 1988*. In: SAFATLE, V.; TELES, E. (Orgs.). *O que resta da ditadura*. Boitempo, São Paulo, 2010, p. 63.

IMAGINAR O AMANHÃ

Anistia não significa um arquivo lacrado, ela exige respeito aos mortos, a verdade sobre a história. Como lembra Jeanne Marie Gagnebin "anistia não pode ser um obstáculo à busca da verdade do passado." [33]

Contudo, é ponto pacífico juridicamente que não pode haver anistia aos torturadores. Os acordos internacionais que o Brasil assinou, tais como a Declaração Universal de Direitos Humanos, de 1948, reiterada pela Declaração dos Direitos Humanos de Viena, de 1993, são claros no que diz respeito à absoluta proibição da tortura, o direito à verdade e o direito à justiça. Flávia Piovesan no seu excelente texto "Direito Internacional dos Direitos Humanos e Lei da Anistia: O caso brasileiro" também lembra que em 1989 o Brasil ratificou a convenção contra a tortura, de 1948. Diz Piovesan:

A convenção é enfática ao determinar que nenhuma circunstância excepcional, seja qual for (ameaça, estado de guerra, instabilidade política interna ou qualquer outra emergência pública) pode ser invocada como justificativa para a tortura (artigo 2°). Portanto [continua a autora] o crime de tortura viola a ordem internacional e, por sua extrema gravidade, é insuscetível de anistia ou prescrição. A tortura é crime de lesa-humanidade, considerado imprescritível pela ordem internacional. [34]

Não são poucas as estratégias políticas e os mecanismos psíquicos sintomáticos, inibitórios, denegatórios que fazem com que muitos ainda se sintam à vontade respirando o bafo do porão que sai pelas frestas das caixas-pretas fechadas. Verdadeiras máquinas de ignorar o real, para tomar emprestada a expressão de Clément Rosset em seu ensaio sobre a crueldade. Temos, portanto, que colocar imagens e palavras adormecidas, recalcadas nesta engrenagem diabólica e suportar como testemunhos os gritos ainda silenciados

---

33 GAGNEBIN, Jeanne Marie. *O preço de uma reconciliação extorquida*. In: SAFATLE, V.; TELES, E. (Orgs.). *O que resta da ditadura*. Boitempo, São Paulo, 2010. p. 181.

34 PIOVESAN, Flávia. *Direito internacional dos direitos humanos e Lei da Anistia: o caso brasileiro*. In: SAFATLE, V.; TELES, E. (Orgs.). *O que resta da ditadura*. Boitempo, São Paulo, 2010. p. 100.

desta história, como "se o inferno falasse", afirma Flávio Tavares, lembrando as sessões de tortura.[35]

Abrir arquivos é processo civilizatório, lembra o jurista Célio Borja. É neste ponto preciso que penso a utopia como construção de novos discursos e imagens que buscam ir contra estas realidades que já se grudaram em demasia às nossas peles. A utopia indica nosso em falta com a história. O discurso utópico tem a função, portanto, de esburacar o real, abrir intervalos na continuidade da história e apontar nossa inconformidade com o que aí está.

Sabemos que os resistentes à ditadura lutaram por estas causas e foram mortos e torturados por não tolerarem o horror imposto pela escola dos tiranos, que não reconhece nenhum outro discurso que não o seu *slogan*. Por isto, esta fúria em submeter os outros a seu domínio e convertê-los em objetos.

Aproveito esta potente imagem da caixa-preta para lembrar que é a Aeronáutica que controla o espaço aéreo comercial, a inspeção sobre segurança de aviões civis e realiza investigações sobre acidentes aéreos envolvendo aviões civis. É isto que indica Jorge Zaverucha no mesmo artigo que já mencionei anteriormente. Diz ele: "ela fiscaliza aquilo que ela mesma controla". Ele lembra que o inquérito do acidente com os Mamonas Assassinas responsabilizou apenas o piloto. Diante da repercussão, a polícia civil abriu outro inquérito paralelo e também responsabilizou dois sargentos que trabalhavam na torre de controle.

> A Aeronáutica não entregou a caixa-preta aos familiares, limitando-se a transcrever trechos da mesma. Idêntico procedimento foi adotado com a caixa-preta do Fokker-100 da TAM que caiu em São Paulo em 1996. Desta vez, com a agravante de que o Superior Tribunal de Justiça determinou que a mesma fosse entregue aos enlutados.[36]

---

35 TAVARES, Flávio. *Memórias do esquecimento – os segredos dos porões da ditadura*. Editora Record, São Paulo, 2005, p. 14.
36 ZAVERUCHA, Jorge. *Relações civil-militares: o legado autoritário da Constituição brasileira de 1988*. In: SAFATLE, V.; TELES, E. (Orgs.). *O que resta da ditadura*. Boitempo, São Paulo, 2010, p 65.

IMAGINAR O AMANHÃ

Caixas-pretas feitas para falar e que são forçadas a ficar em silêncio. Mas a questão é saber como fazê-las falar, como buscar esta voz amordaçada? O testemunho é um compromisso com a transmissão e ter a coragem de falar por aqueles que não podem mais. Neste ponto, é preciosa a reflexão de Maria Rita Kehl em seu texto *Tortura e Sintoma Social* quando lembra o quanto a tortura busca separar corpo e sujeito.

> Sob tortura, o corpo fica assujeitado ao gozo do outro que é como se a "alma" – isso que, no corpo pensa, simboliza, ultrapassa os limites da carne pela via das representações – ficasse a deriva. A fala que representa o sujeito deixa de lhe pertencer, uma vez que o torturador pode arrancar de sua vítima a palavra que ele quer ouvir, e não a que o sujeito teria a dizer. [37] .

São estas imagens que Primo Levi descreve com tanta precisão em seus textos, corpos despossuídos de alma, entregues à animalidade mais crua da sobrevivência, do pragmatismo mais imediato. Mas ainda assim nos perguntamos: que força lhes permitia resistir? Talvez a aposta que alguma voz, mesmo depois das cinzas, viesse a lembrar a fúria do carrasco e a dor do torturado. É isto que lembra Benjamin no fragmento que mencionei acima: alguém ainda acordará os mortos e juntará seus fragmentos?

Mesmo que seja nosso dever, o que vemos com mais frequência é uma grande apatia. Aí o signo da decadência de uma civilização. Cioran em seu *História e Utopia* mostra que utopia não significa esperança ingênua, mas ter a coragem de ver e denunciar o medo e as identificações inconfessas ao carrasco, mecanismo este que precisamos identificar para que efetivamente algo possa mudar. Não há revolta potente sem um entendimento mínimo da decadência cultivada. Romper com este cenário implica produzir atos de fala que venham a honrar nossos mortos e sua história.

As caixas-pretas de Janett Cardiff e George Miller falam. Estes dois artistas canadenses fazem uma espécie de escultura de som, colocando em cena uma arquitetura do medo. Metáfora potente da tirania do poder que se transfigura em um pesadelo que contamina o espectador. Vi este trabalho em Inhotim, Minas Gerais. Entro na grande sala

---

37 KEHL, Maria Rita. *Tortura e sintoma social*. In: SAFATLE, V.; TELES, E. (Orgs.). *O que resta da ditadura*. Boitempo, São Paulo, 2010. p. 131.

branca, sento-me em uma das cadeiras, e acompanho a narração de um pesadelo vertido pelos 98 alto-falantes. As vozes surgem de vários lugares da sala, assim como o som de máquinas, músicas, e o voo de corvos que funcionam como uma espécie de refrão do trabalho.

A obra tem como título "O assassinato dos corvos" e foi inspirado na famosa gravura de Goya, de 1799, da série *Los Caprichos*, "O sono da razão produz monstros". Sou convocado ali a testemunhar. Testemunho requer saber esperar o tempo do outro, aguardar que tudo seja dito. Pergunto-me: onde estou neste pesadelo que escuto? Pesadelo do outro, mas também meu, já que minha emoção pelo que escuto mostra que me sinto também naquela voz.

O "Assassinato dos corvos" introduz pela palavra uma fissura na máquina de ignorar o real. Mostra o que é o medo, mas também como desmontar o medo. Em um momento é a voz de um torturador sádico que escutamos: "cortem a perna dela!". Ela grita para não fazerem isto. A ameaça continua e finalmente o torturador diz "Não lhe cortamos as pernas de verdade, apenas lhe damos um susto pavoroso". Não lhe cortaram as pernas? O que foi cortado? Impossível dormir depois desta cena.

Ruído dos corvos e uma voz irônica em tom de canção de ninar "close your eyes and try to sleep" (feche os olhos e tente dormir). Lembro de uma passagem do livro de Flávio Tavares, *Memórias do Esquecimento*. Ele foi um dos 15 presos políticos "trocados" pelo embaixador dos Estados Unidos, em 1969. No terceiro dia de tortura com choques elétricos, o sargento que o torturava gritou:

> – Fala, fala, senão trago a tua filha, dou choque nela e depois fodo, fodo ela aqui na tua frente. Ele ameaçava tocando-se os testículos e fazendo, com as mãos e o ventre, aquele gesto vulgar e obsceno de quem estupra. A caricatura do gesto foi tão forte e eu estava tão desfeito que acreditei que ele cumpriria a ameaça. O horror me invadiu ainda mais forte que a dor do choque elétrico. [38]

Imagem pesadelo que o acompanhou por muitos anos ao imaginar sua filha de quatro anos ali na sua frente, como a ameaça da perna cor-

---

38 TAVARES, Flávio. *Memórias do esquecimento – os segredos dos porões da ditadura*. Editora Record, São Paulo, 2005, p. 266.

tada. Impossível distinguir entre o que é e o que não é. Situações que acionam em qualquer um a mais profunda confusão mental e intoxica a alma de horror. O próprio Flávio Tavares esclarece que cenas como esta o faziam pensar nos inquisidores, "no seu delírio eufórico de vitorioso tem direito a tudo inventar e em tudo sentir-se, irrebatível e inquestionável, transformando até a verdade que não é na verdade que é".

As caixas-pretas continuam narrando o pesadelo. Impossível dormir diante de um abusador que não poupa ninguém. Estarrecedor pensar que a ditadura brasileira produziu monstros como o brigadeiro João Paulo Penido Burnier, chefe do gabinete do ministro da Aeronáutica, com seu plano de incendiar, em 1968, o Rio de Janeiro, explodir o gasômetro Novo-Rio, postos de gasolina, a Embaixada dos Estados Unidos, para em suas palavras "incriminar os comunistas". O capitão que recebeu estas ordens, Sérgio Miranda de Carvalho, comandante da tropa de elite da FAB e que se recusou a executá-la, foi excluído das Forças Armadas em 1969; e o brigadeiro Eduardo Gomes, que encampou esta denúncia contra Burnier, morreu em um "acidente de automóvel" meses depois – o que, segundo seus próximos, foi um claro atentado por parte da extrema-direita militar.

História que continua queimando dentro de tantas caixas-pretas lacradas. Até quando? Nem os corvos abandonam seus mortos. Cardiff intitulou seu trabalho "O Assassinato dos corvos" numa clara evocação do ritual fúnebre destes pássaros. Sempre que um deles morre, os demais ficam em revoada por 24 horas, em uma espécie de ato solene ao corpo.

Já se passaram 24 horas, 24 semanas, mais de 24 anos, mas precisamos continuar em revoada e exigir o que está escrito nos tratados internacionais de Direitos Humanos assinados por nosso país: punição aos torturadores, direito à verdade e à justiça. Corvos como testemunhas. Como lembra Paulo Endo : "A aniquilação do testemunho não é a ausência do que dizer, mas não ter quem escute o que se pode dizer".[39] Neste ponto, um dever de memória a preservar. Quem sabe um dia poderemos então fechar os olhos, dormir e sonhar novamente. (ES)

---

39 ENDO, Paulo. *A dor dos recomeços: luta pelo reconhecimento e pelo devir histórico no Brasil*. In: Revista Anistia – política e justiça de transição. Comissão de Anistia do Ministério da Justiça, Brasília, n. 2, p. 50-63, julho/dezembro 2009, p.55.

V – Violências e suas raízes

Raízes do ódio

Santo Agostinho, em seu livro *Confissões*, escreve sobre uma criança dominada pela inveja. Inveja de um irmão menor que mamava no seio de sua mãe: "Ele ainda não falava e já contemplava, muito pálido e com um olhar envenenado, seu irmão de leite". A criança, de um ano e sete meses, foi despojada do objeto de seu desejo, escreveu Lacan. Ver o bebê mamando reativou a dor da frustração primordial do menino na separação da mãe. Essa inveja fraterna gera ódio, afeto anterior ao amor. A chocante frase "o ódio é anterior ao amor" foi escrita durante a Primeira Guerra Mundial, que revelou o quanto a crueldade em busca do poder não tem limites. Na cena da inveja do menino pelo seio da mãe está em jogo o poder, diferente do poder em jogo entre as nações, mas em jogo está sempre o poder. Poder fálico baseado numa equação de equivalências simbólicas como o dinheiro, o ouro, entre outros.

As relações entre o individual e o social constam na abertura do livro *Psicologia das massas e análise do eu*", de Freud. Escreve que a psicologia individual é simultaneamente social num sentido mais amplo. Entretanto, o "Eu" pode ser analisado, a massa é só objeto da Psicologia, onde são abolidas na massa as diferenças individuais. Do semelhante ao mesmo é o lema da massa, o incompatível é atirado para fora.

O primeiro crime narrado no Gênesis é efetuado por Caim, que mata seu irmão Abel por inveja. Sobram crueldades na Bíblia, bem como na *Ilíada* e *Odisseia*. A inveja, nesse sentido, advém como protótipo de um drama social: o outro constitui, ao mesmo tempo, o modelo e o obstáculo à satisfação do desejo pela substituição dos objetos desejados. O assustador nessa história é quando o ódio está a serviço da paixão fanática, do amor ao ódio, dos irmãos que se unem no ódio ao inimigo. O inimigo precisa ser torturado, preso, eliminado, como no racismo, nas guerras religiosas, na guerra civil.

Há ao menos dois destinos para o ódio: um é o ódio como potência de ação, gerando um renascimento, a criação do novo. É o ódio transformado através das sublimações: amor, trabalho, esportes, arte, humor. Um segundo destino ao afeto do ódio é o do amor à destruição dos adversários, que podem ser irmãos, guerras fraternas, ou o ódio da melancolia voltado contra si próprio. O ódio é central nas paranoias, nos fanatismos, em que o inimigo é o culpado por tudo de ruim que ocorre. E sempre é o poder que está em jogo através dos preconceitos, a segregação, como a que existe contra os negros, os estrangeiros, índios, pobres. São pesadelos sociais, capazes de maldades como ocorreu, por exemplo, na Alemanha nazista. Impressiona como a pátria de Goethe, Kant e Beethoven, projetou nos judeus o grande inimigo a destruir. O livro *Os alemães*, de Norbert Elias, narra como os alemães abandonaram os valores humanistas a partir do século XVII. No Iluminismo cresceu o antissemitismo, chegando ao nazismo; muitos não acreditaram nas ameaças de Hitler. Foi a partir de uma vitória eleitoral, de uns 30% do eleitorado, que se chegou a uma das mais cruéis ditaduras.

Por que o ódio no Brasil cresceu tanto? Após 25 anos da vitória da Constituinte de 1988, foi sendo organizada uma poderosa força conservadora. A sociedade brasileira, é bom lembrar, tem suas raízes na escravização, em sistemas autoritários, como a ditadura militar. O ódio represado contra a democracia irrompeu, pois já Maquiavel tinha alertado que preconceitos são mais poderosos que princípios. Hoje uma minoria pode tudo: corromper, destruir a natureza, matar. Seu lema: Tudo para nós, nossas famílias, as migalhas para a maioria. Um exemplo recente teria espantado Santo Agostinho, como a violência do restaurante de Gramado, festejando a morte. Há um confronto entre a crueldade dos que ambicionam tudo e a maioria que luta para sobreviver. (AS)

A festa do ódio

Sempre perguntei de como simples chuveiros, de onde deveria sair água, exalaram gases letais. Gases que mataram seis milhões de judeus, sendo um milhão e meio de crianças e jovens até 14 anos. Na verdade, o Holocausto não desaparecerá, foi a face mais cruel da condição humana, difícil até de imaginar. Muitos evitam conhecer esse passado, mas por ter nascido no Bom Fim, bairro histórico de judeus em Porto Alegre, comecei a ler sobre o nazismo já na adolescência. Compreender os porquês dos alemães escolherem os judeus como seu grande inimigo a destruir não é simples. Recordo que uma das primeiras leituras foram os quatro volumes de *Ascensão e queda do III Reich*, de William L. Shirer, com capas preta e vermelha, com uma suástica. Conheci sobreviventes com números tatuados no antebraço e conheci em Israel, ainda adolescente, uma sobrevivente do Gueto de Varsóvia.

O Holocausto não desaparecerá, disse numa entrevista o historiador Saul Friedlander, autor do livro *Alemanha nazista e os judeus*". Ganhador de vários prêmios, como o Pulitzer, Israel e o da Feira do Livro de Leipzig, a obra já é considerada um clássico sobre a Segunda Guerra Mundial. São 1,3 mil páginas, com uma narrativa objetiva entremeada de histórias tristes, narradas por quem viveu a guerra e, como ele, esteve em campo de concentração. Histórias sensíveis, surpreendentes, todas revelam o espanto com a fúria assassina dos nazistas. O primeiro volume tem como subtítulo "Os anos da perseguição", cujo terceiro capítulo é "O Antissemitismo Redentor". Esse é um conceito chave para se entender as raízes do nazismo e até mesmo alguns dos porquês da solução final. Solução que foram os campos de extermínio em massa. Foram séculos de pregação, desde Lutero com a Reforma, com os judeus sendo definidos como os "filhos do demônio", "sinagoga de satanás", "assassinos de Cristo". O nazismo apregoou que a germanidade estava a perigo, caso não lutasse contra os judeus, uma luta até a morte. A vitória seria a redenção do povo alemão, pois os judeus eram tanto os líderes do capitalismo mundial como da perigosa esquerda, daí o antissemitismo redentor. Esse conceito é a chave principal para se pensar os porquês dos massacres. O historiador Chaim Kaplan registrou em seu diário no dia dez de março de 1940: "Judaísmo e Nazismo são visões de mundo incompatíveis e, portanto, não podem coexistir. Ou a humanidade será judaica, ou será germânico-pagã, daí o combate até o fim". O racismo se transformou em uma paranoia de ódio das massas e, em alguma medida, Freud antecipou a questão nova da massa na História ao escrever *Psicologia das massas e análise do eu*. Livro essencial para se pensar o indivíduo e a massa, e a condição humana, ao escrever que: "psicologia é individual e social", simultaneamente. Na massa há uma abolição das diferenças, quem pensa um pouco diferente é excluído da massa ou até mesmo perseguido.

Adolf Hitler foi adorado pelo povo alemão, pois foi criado em torno dele um mito, o salvador da pátria. Não faltaram cúmplices a Hitler, como governos, empresários, sistema financeiro, justiça, mídia, a maioria das igrejas, fortalecendo assim o autoritarismo e a ditadura. Entre as duas guerras mundiais, todas as águas políticas desaguaram no mar nazista que varreu a Europa: a carnificina da Primeira Guerra Mundial, o impacto traumático da derrota alemã, a humilhação do Tratado de Versalhes, o medo de uma revolução comunista, e, finalmente, a crise capitalista de 1929, que gerou uma taxa de desemprego de 44%. Essa crise fez o pequeno partido de Hitler evoluir de 2,6% do eleitorado em 1928 para 31,2% em 1932. Foi através de eleições democráticas que irrompeu a ditadura nazista, que na guerra se uniu ao facismo italiano, entre outros. Saul Friedländer escreve que os judeus, em sua maioria, acreditaram nos mecanismos democráticos como barreiras aos crimes apregoados entre 1933 e 1939. Muitos intelectuais foram seduzidos pelo nazismo, como o filósofo Martin Heidegger, reitor na Universidade de Freiburg, que cortou o contato com seu mestre Edmund Husserl. Foi mesmo do partido nazista, assinando ficha, e após a guerra nunca se desculpou pelo que fez. Carl Jung, que foi amigo de Freud e integrou a psicanálise nos primeiros anos, escreveu um artigo em 1934: "A consciência ariana tem um potencial maior que a judaica. Freud entendeu o psiquismo germânico tão pouco quanto seus seguidores alemães. Será que o impressionante fenômeno do nacional-socialismo, que o mundo inteiro fita com os olhos assombrados, não lhes ensinou uma lição?"

A cumplicidade do mundo cultural alemão ficou evidente quando em 10 de maio de 1933 foram queimados livros de autores proibidos, como Marx, Freud, Thomas Mann, entre outros, e ninguém lembrou da advertência do poeta Heinrich Heine: "Onde os livros são queimados, no fim as pessoas também são queimadas". O segundo volume de *A Alemanha nazista e os judeus*" tem como subtítulo "Os anos de extermínio, 1939 – 1945". Entre os méritos do historiador Saul Friedländer, dois me chamaram atenção: o primeiro é a forma como reúne as referências sobre o que pensaram tanto os alemães como os judeus. Outro foi o painel amplo que intercala com reflexões de quem viveu diretamente os tempos de guerra. Um exemplo é o que Goebbels disse num discurso de rádio no dia 18 de fevereiro de 1943, logo após a rendição do famoso sexto exército. Um dos ouvintes foi Moshe Finkler, que escuta e diz espantado que num dia de grandes revezes o ministro de propaganda insulta e ataca com violência o povo judeu. Há muito no livro sobre a linguagem do Terceiro Reich, o Levante do Gueto de Varsóvia, o silêncio do Papa Pio XII, a história de Anne Frank. A leitura atinge seu maior sofrimento quando são descritos os campos de extermínio. Um destaque especial recebem os corajosos católicos, cristãos, agnósticos, alemães e outros que salvaram judeus arriscando suas vidas.

Junto à obra de Friedländer acrescento as reflexões instigantes do filósofo Giorgio Agamben sobre os campos de concentração no seu livro *O que resta de Auschwitz*. O mais famoso dos campos é pensado como espaço de uma experiência do humano e o inumano, a vida e a morte, onde a dignidade foi atacada diariamente. O vácuo da suspensão da lei, onde tudo se tornou possível, retorna aqui, ali e acolá de forma assustadora. Ou seja: o que resta de Auschwitz hoje, não é pouco. A psicanálise tem, ao lado da história e das ciências humanas, uma questão central: a crueldade, que ao contrário do que Agamben escreveu, não é inumana, mas humana também. E aí aparece a velha questão sem resposta ainda: tem como parar o poder da crueldade, contra os seres humanos, como o racismo, a desigualdade social e os ataques contra a vida e a natureza?

Aos poucos fui entendendo os porquês do genocídio, e como de simples chuveiros, de onde deveria sair água, saíram os mortíferos Zyclon B. Entretanto, permanece o espanto da festa do ódio. (AS)

IMAGINAR O AMANHÃ

Sutilezas do nazismo

Ingmar Bergman, conhecido diretor de cinema, tardou em declarar que foi nazista. Ao saber dos milhões de mortos nos fornos crematórios, ficou chocado. Foi seduzido pelo nazismo, o fascismo somado ao "antissemitismo redentor", como definiu o premiado historiador Saul Friedländer, em seu livro *A Alemanha nazista e os judeus*. Todas as ditaduras fascistas da Europa receberam e deram apoio ao nazismo, lutando lado a lado. Por exemplo, foi o ataque alemão à cidade de Guernica, em 1937, que arrasou a pequena cidade espanhola, com centenas de feridos e mortos. Picasso pintou esse ataque num mural que tem no lado esquerdo uma mãe chorando a morte de seu filho. A interferência de Hitler foi fator decisivo na vitória do fascismo espanhol.

Hoje é fácil saber o que foi o Terceiro Reich, mas a crueldade da Alemanha buscou se disfarçar, com frases sutis, mentiras apresentadas como verdades, aceitas por dezenas de países. Escutei de um ex-morador de Berlim a essa época sobre o que foi a noite de 9 de novembro de 1938, a "Noite dos Cristais". Disse que os alemães tinham essas expressões sofisticadas para disfarçar. Nessa noite foram mortos 91 judeus, centenas de sinagogas foram incendiadas, assim como casas comerciais. Trinta mil judeus foram presos em campos de concentração. Portanto, essa noite não foi a noite dos cristais, mas sim a noite de vidros quebrados e vidas destruídas. Outra sutileza macabra é a expressão "solução final", que definiu o envio de milhões de judeus, ciganos, homossexuais e rebeldes contra a ditadura aos fornos crematórios. De simples chuveiros de onde deveriam sair água, saíam gases mortíferos. É uma ferida aberta na imagem da condição humana.

O racismo irrompeu de surpresa aqui, no Brasil recente, quando um ex-secretário da Cultura do atual governo usou símbolos nazistas. O racismo já foi objeto de diferentes estudos, como na entrevista de J. B. Pontalis, psicanalista francês, que explica as diferenças entre os preconceitos e o racismo. Esse é um fenômeno de grupos, países, que conclamam a violência maciça. Os racistas projetam todo o mal nos outros, um ódio que chega à crueldade, à mediocridade que despreza as artes e a cultura em geral.

Já o racismo brasileiro é estrutural, herança de três séculos e meio de escravização. Uma líder negra, Marielle Franco, foi assassinada há mais de três anos, e toda vez que as pistas se aproximam de um condomínio familiar, cessam as investigações. Já os índios estão a perigo, e já foram mortos líderes indígenas nos ataques à Amazônia. Por dever de memória, é preciso lembrar a escravização negra, no sofrimento de milhões de escravizados, maltratados pela elite branca. Os negros foram libertos sem apoio algum dos governos, e até hoje o país vive um racismo com sutilezas. Um exemplo foi a dura oposição à exitosa política de cotas no ingresso às universidades.

Espanta como o governo ataca a saúde dos brasileiros nesta atual pandemia, em especial a dos mais pobres. Também aqui são usadas sutilezas para serem escondidas as verdadeiras intenções. São frases criadas pela propaganda política do governo, como a seguinte: "Lamento os mortos, mas é o destino de todo mundo". Diante, na época, de mais de trinta mil mortos pela Covid-19, essa é uma frase fria, vazia, parecida com as frases do Trump diante do assassinato do negro George Floyd.

No mundo se amplia o movimento humanista, e do outro a crueldade racista. Nas linhas finais do livro *O mal-estar na cultura*, de Freud, há uma questão atual: o choque entre o desenvolvimento cultural x a pulsão de agressão e o autoaniquilamento. Cada um vai se posicionando, cada um vai escolhendo o seu lado, conforme sua capacidade psíquica. Hoje, quase 30% do país estão com as forças desalmadas. Já 70% da população busca se unir, em diferentes manifestações, pela vida e a frágil democracia. Ou seja: poderá a cultura resistir à crueldade? Eis a questão de todos e de cada um. (AS)

IMAGINAR O AMANHÃ

Um cachorro no campo de concentração

É difícil pensar num cachorro amigo dos presos num campo nazista. Agora, imaginem um vira-lata ser decisivo no pensamento de um filósofo prisioneiro. Seu nome é Emmanuel Levinas (1906-1995) e foi um lituano, judeu, que primeiro estudou na Alemanha e depois foi morar na França. E ao servir no exército francês terminou sendo preso e passou cinco anos num campo de concentração. Nesse campo conheceu o cão Bobby, conviveram apenas durante algumas semanas, mas suficientes para Levinas escrever:

"E eis que, em meio a um longo período de cativeiro –por algumas curtas semanas – um cão errante entra em nossa vida. Ele veio um dia se juntar à turba, quando ela retornava do trabalho sob boa guarda. Ele sobrevivia em algum canto selvagem, nos arredores do campo. Mas nós o chamamos de Bobby, um nome exótico, como convém a um cão querido. Ele aparecia nos encontros matinais e nos esperava na volta, saltitando e latindo alegremente. Para ele – isso era incontestável – nós éramos homens."

Levinas contou em uma das entrevistas que passou da névoa do Ser, rumo aos entes vivos e individuais, ao pensar na vivência do campo. Ele e os presos eram desprezados pelos guardas, como se fossem objetos inumanos, indignos de qualquer solidariedade. O filósofo, aluno destacado de Edmund Husserl e Martin Heiddeger, se sentiu tratado humanamente por um cachorro, reconhecido por outro ser. Essa experiência contribuiu para revisar seu pensamento e abandonar a ontologia em busca da ética e o contato pessoal. Escreveu que não nos fundimos, reagimos um ao outro, tu me fitas nos olhos e continuas a ser Outro, continuas a ser tu. Sua filosofia passou a ser baseada nas relações humanas como fundamento e não uma mera extensão de nossa existência. Assim, afastou-se de seu professor Heidegger, que nunca pediu desculpas por ter aderido ao nazismo, mesmo que temporariamente. Essa experiência de Levinas com o olhar e a alegria do cachorro teve o efeito de um espelho que devolveu a ele sua humanidade perdida.

A experiência com Bobby aliviou a tristeza e o desamparo de viver como escravizado. Causa espanto o quanto uma experiência pôde ser decisiva na vida de uma pessoa. São várias as histórias de como um animal ou a própria natureza podem recuperar a vitalidade de uma pessoa. Em tempos sombrios, as redes sociais também podem gerar não só vivências efêmeras como experiências marcantes. Experiências que enriquecem e aliviam as dores, em um país onde o ódio domina os três Poderes. Portanto, é nesta sociedade que as palavras de Levinas adquirem maior peso. Cada vez mais é preciso construir pontes e fomentar as relações através da conversa ou da escrita.

Em dezembro de 1995 morreu Levinas, e seu amigo, o filósofo Jacques Derrida, fez uma homenagem póstuma no seu enterro, com o discurso "Adeus". Anos mais tarde se transformou em livro, no qual ele refere, por exemplo, como Levinas foi um dos três maiores filósofos do século XX. Falou ainda no cemitério sobre as palavras bondade, tolerância, família, justiça, do A-Deus, entre tantas questões pensadas por seu amigo. Derrida e Levinas foram filósofos que defenderam a liberdade, a democracia e a justiça social.

Novos tempos sombrios chegaram, tempos da metralhadora, nos quais oitenta tiros podem atingir a traseira de um carro familiar. Mataram mais um negro entre tantos que já foram mortos. Tempos em que precisamos de coragem e luzes, luzes que ajudem a iluminar as crescentes trevas. Emmanuel Levinas saiu do campo de concentração nazista com mais fé na importância da bondade, da tolerância e num futuro melhor. Imagino que a luta hoje é não afundar na lama de tempos enlouquecidos. Há um ataque ao sonho de uma sociedade mais justa e humana. Apesar de tudo, caminhamos em busca de um norte num mundo desnorteado. (AS)

IMAGINAR O AMANHÃ

A bailarina de Auschwitz

Edith Eger tinha 16 anos quando foi enviada, em 1944, para o campo de concentração de Auschwitz. Um dos momentos inesquecíveis de sua vida no campo foi quando Josef Mengele, o médico nazista, conhecido como o Anjo da Morte, disse a ela: "Dance para mim". Edith conta que ao dançar fechou os olhos imaginando a música de Tchaikovsky, Romeu Julieta, e que estava no Ópera House de Budapeste. O nome Auschwitz não será esquecido, sempre surgem novas histórias como essa da bailarina. Na verdade, o Holocausto não desaparecerá, foi a face mais cruel da condição humana. Aliás, o dia 27 de janeiro é o Dia Internacional do Holocausto, dia para recordar o genocídio nazista contra os judeus.

Edith Eger emigrou em 1949 para os Estados Unidos, e depois estudou psicologia. Não tardou para decidir trabalhar com pacientes pós-traumáticos em decorrência da violência. Hoje, com 93 anos, segue atendendo em seu consultório e ainda dá conferências. Escreveu sobre como o sofrimento diante da violência pode levar à vitimização, à depressão, e a um sentimento de impotência. Já outros conseguem canalizar suas energias vitais para o presente, podem falar do passado e encontram saídas para viver. Logo associei sua vida e seu trabalho a leituras que tinha feito sobre a capacidade humana de enfrentar o terror. Alguns chamam essa capacidade de resiliência, como Boris Cyrulnik, outros de uma disposição a suportar privações e frustrações. Há também os que salientam a força pulsional vital aliada a identificações amorosas. São pessoas que desenvolveram a capacidade de estar só, e podem enfrentar situações perigosas.

O psiquiatra Victor Frankl, que também foi prisioneiro em Auschwitz, escreveu em seu livro *Em busca de sentido* sobre como o humor e a parceria com um amigo foram indispensáveis para ele sobreviver. Também há relatos de presos políticos, como Nelson Mandela e Pepe Mujica, que saíram da prisão e conquistaram posições de liderança mundial. Comecei a me interessar pelo tema das pessoas capazes de viver situações traumáticas quando vivi em Buenos Aires. Li relatos de uruguaios e chilenos presos sob ditaduras militares. Alguns anos depois, li o livro *Pedaços de morte no coração*, de Flavio Koutzii, onde ele reflete sobre sua prisão política na Argentina. No Brasil temos muitas histórias ocorridas durante a ditadura militar. E bem antes, ocorreu a pesada escravização, expressão da crueldade da Casa Grande. Os negros reagiram com danças, cantos e a capoeira. O Brasil deveria ser sempre grato às negras e aos negros pela alegria e a leveza. Todas essas pessoas têm em comum com Edith Eger uma capacidade admirável de lutar pela vida

Em uma de suas entrevistas, Edith disse: "Na psicologia, estudamos sobre a hierarquia das necessidades. Não se pode falar de amor enquanto temos a barriga vazia", disse com uma ligeira gargalhada. "Por isso, falávamos muito da comida. Salivávamos, trocávamos impressões sobre como fazer o goulash, o strudel, a challah." Todos os pratos que a mãe de Edith fazia com tanta destreza eram um maná imaginário. Entretanto, não foi imaginária a seguinte história: um dia, em Auschwitz, Josef Mengele chamou Edith ao seu consultório. Quando ela entrou, ele foi afrouxando a gravata e pouco depois recebeu um chamado telefônico. A jovem bailarina, mesmo com medo, aproveitou para sair correndo em direção ao seu dormitório coletivo. Sua capacidade de luta se mantém hoje ao escrever: "Precisamos questionar a autoridade e não obedecer cegamente, como ocorreu na Alemanha. Devemos nos opor aos que são contra o amor e a alegria. Não podemos desistir". Admirável como uma mulher de 93 anos mantém o entusiasmo e nos alerta que não podemos desistir! (AS)

Um sábio em Auschwitz

O tema central da condição humana talvez seja o da crueldade, onde imperam as pulsões destrutivas. Há uma sedução por líderes, movimentos que amam o ódio, a violência, a divisão. Esse é uma questão estudada por Walter Benjamin, entre outros, a partir das guerras mundiais. Uma brecha diante da soberana crueldade são as formas de enfrentá-la, como pode ser a história a seguir.

Nos campos de concentração nazista houve traidores, os *Kapòs*, os que mantiveram a fé, os que perderam, os corajosos e até alguns sábios. Foi o caso do ex-sargento Steinlauf, que revelou sua sabedoria numa conversa com o futuro escritor Primo Levi em Auschwitz. Um dia, o autor do livro *É isso um homem?* caminhava desanimado pelo lavatório, quando viu o amigo esfregando-se com energia, sem sabão, mas muito concentrado. Steinlauf perguntou ao Levi por que não se lavava, e ele indagou por que devia se lavar, se viveria mais se o fizesse, que lavar-se era uma tolice, uma futilidade. Steinlauf passou-lhe uma descompostura, disse que o campo é uma engrenagem para transformar seres humanos em animais, mas que pessoas não devem se transformar em animais. Concluiu assim: "Sim, somos escravizados, despojados de qualquer direito, expostos a qualquer injúria, destinados a uma morte quase certa, mas ainda nos resta uma opção. Devemos nos esforçar por defendê-la a todo custo, justamente por ser a última: a opção de recusar nosso consentimento. Portanto, devemos nos lavar sim, ainda que sem sabão, com essa água suja e usando o casaco como toalha. Devemos engraxar os sapatos, não porque assim reza o regulamento, e sim por dignidade e alinho. Devemos marchar eretos, sem arrastar os pés, não em homenagem à disciplina prussiana, e sim para continuarmos vivos, para não começarmos a morrer".

Nos campos de concentração havia tanta crueldade que muitos ficaram abatidos, perderam a vontade de viver. Primo Levi, que passou onze meses preso em Auschwitz, pôde escrever durante quarenta e dois anos uma obra, ajudado pelas palavras do sargento. Mudou seu comportamento diante da morte quase certa, também por ser químico, pois foi aproveitado na farmácia do campo e contou com a sorte, claro. Seus livros têm sido muito lidos nos mais variados países, é um dos grandes narradores do século passado.

O diálogo entre Primo Levi e Steinlauf abre questões sobre a dignidade, um valor moral, frente à questão de recusar o consentimento diante de um estado de exceção. Em um mundo sombrio como o nosso, cada um tem a opção de se posicionar a favor, contra ou indiferente quanto à dignidade de todo ser humano. Não encontro respostas fáceis ao comportamento que envolva atitudes subjetivas diante da política, mas creio conveniente abrir espaços de reflexão. Já tive muitas certezas nessas questões e, aos poucos, elas diminuíram. Entretanto, admirei a coragem do sábio ex-sargento amigo do escritor Primo Levi, com suas palavras marcantes. Nas situações de desamparo, as conversas, as histórias, os laços amorosos são essenciais.

O país começa a recuperar a dignidade diante da crueldade na guerra contra as vacinas, o desprezo aos mortos, a volta da fome e a devastação da natureza. Diante da cumplicidade dos armados e de todos os poderes, cresce o embate contra as ambições por lucros mortíferos. Enfim, começou a reconstrução da esperança e já se imagina um outro amanhã. (AS)

IMAGINAR O AMANHÃ

Agulhas para desativar bombas

Escrevi poemas como forma de falar, para me orientar,
para saber onde eu estava e para onde deveria ir
PAUL CELAN

O fragmento de Paul Celan aponta a condição que habita todo o ser humano, mas que nem sempre somos capazes de reconhecer: o estrangeiro que nos constitui. Tal condição aparece quando ousamos mudar de posição, ou seja, quando produzimos um deslocamento que permita uma interrogação sobre o lugar. Portanto, isto acontece sempre que cruzamos a fronteira de um território e nos deparamos com uma outra língua que balbuciamos, como se recuperássemos o infantil que sempre nos habita. Somos perfurados por um inconsciente que nos habita e que não nos deixa esquecer que o estrangeiro não está do outro lado da fronteira, mas deita em nosso leito e nunca nos abandona. Como lembra Julia Kristeva em seu clássico ensaio "Estrangeiros a nós mesmos", este estrangeiro é a face escondida de nossa identidade. Assim, a presença de um estrangeiro apenas lembra a alteridade que nos constitui e de forma muito radical, como mostrou Freud, que o Eu não é senhor em sua própria morada. Buscar fixar o estrangeiro no outro não deixa de ser uma forma de cegueira, de não querer reconhecer a língua estranha que falamos sem perceber. Por sorte, nossos sintomas e nosso sofrimento tentam nos fazer despertar desta espécie de anestesia.

Na Grécia antiga, o estrangeiro, o hóspede, o refugiado, o viajante era protegido por Zeus, e podemos ler na *Ilíada* de Homero que era um delito maltratar um hóspede. Este era acolhido sempre de forma incondicional, sem mesmo precisar dizer seu nome e sua origem, pois era ele que, de alguma forma, permitia um olhar renovado sobre a vida, abrindo novos espaços de transmissão e de experiência. Neste ponto, a precisão de Freud nos ajuda muito, pois a tese central em seu clássico *Unheimlich* (O estranho) é colocar do mesmo lado do quintal o que é estranho e o que é familiar.

Nosso desafio é responder à provocação do artista Waltercio Caldas: como penetrar no espaço do outro como uma agulha e não como uma

110

bomba. Acredito que aqui ele coloca o dedo na ferida, no coração das trevas do tempo que vivemos, tempo da assepsia do contato e da intolerância ao estrangeiro, seja este o que fala outra língua, o que pensa de outra forma ao que penso, o que goza de forma diferente da minha. Vou seguir a pista desta provocação de Waltercio Caldas e com duas palavras-chave, *bomba e agulha*, propor uma breve evocação e reflexão.

Bomba

> Como poderia esquecer este flash de luz
> SANKICHI TOGE

Com este primeiro ponto, gostaria de pensar sobre a função do testemunho que tenta narrar o trauma em situações extremas de intolerância e destruição. Assim, vou discorrer sobre uma bomba que, embora tenha sido lançada sobre o Japão em 1945, continua ativa em nossos dias e muito mais perto de nós do que imaginamos.

A luz geralmente nos evoca sensações de vida, de esperança, de aconchego. Dar a luz é talvez uma das expressões que nos toca mais fundo, pois evoca em nossos espíritos o inicio da vida. Contudo, a luz que se refere o poeta japonês Sankichi Toge lembra escuridão, nos lança de forma violenta no coração das trevas de uma experiência que ainda não compreendemos o suficiente. Por mais que busquemos compreender, nunca será o suficiente. Sankichi nasceu no Japão, em 1921. Tinha 24 anos quando a bomba norte-americana, decorada com as assinaturas de alguns soldados, caiu sobre Hiroshima no dia 6 de agosto de 1945, às 8 horas e 15minutos da manhã. Ele sobreviveu por alguns anos, tempo suficiente para deixar alguns poemas, e veio a falecer do efeito retardado da bomba que explode por dentro do organismo, com uma leucemia aos 36 anos de idade. Naquela manhã em Hiroshima, uma luz inesperada surgiu nos céus, e Sankichi registrou no papel como uma espécie de sombra do horror. Milhares de pessoas, literalmente em segundos, evaporaram, e muitas delas deixaram apenas como registro um contorno de sombra nas paredes e nas ruas. Resistiam assim, sem saber, ao anúncio terrível de Brecht, dos rastros que se apagam. Sua sombra se chama manhã e foi escrita um pouco depois daquele 6 de agosto.

IMAGINAR O AMANHÃ

Manhã

Eles sonham:
Um trabalhador sonha, baixando a picareta,
o suor transformado em cicatrizes pelo clarão.
Uma esposa sonha, dobrada sobre a máquina de costura,
entre o odor doentio da sua pele aberta.
Uma empregada de bilheteira sonha,
as suas cicatrizes escondidas,
como pinças de caranguejo, nos dois braços.
Um vendedor de fósforos sonha,
com pedaços de vidro partido cravados no pescoço.

Eles sonham:
Que bandeiras festivas tremulem
à sombra das árvores, onde os trabalhadores repousam
e as lendas de Hiroshima
são contadas por lábios suaves.

Eles sonham:
Que esses suínos com forma de homem
que não sabem como utilizar o poder
do centro da Terra senão para a carnificina.
Apenas sobrevivam em livros ilustrados
para as crianças.
Que a energia de dez milhões de cavalos-vapor por grama,
mil vezes mais forte que um poderoso explosivo.
Passe do átomo para as mãos do povo.
Que a colheita rica da ciência seja levada, em paz, ao povo
Como cachos de uvas suculentas
úmidas de orvalho
Apanhadas
Ao amanhecer.

Texto que devolve um pouco de luz à escuridão do clarão de átomo, colocando palavras no lugar dos números e das estatísticas de uma lógica de guerra.

Dori Laub, em seu texto "Um acontecimento sem testemunho – verdade, testemunho e sobrevivência", propõe três níveis distintos na abordagem da questão do testemunho:

Testemunho de sua própria experiência
Testemunho de ser testemunha da experiência de outros
Testemunho do próprio processo de testemunhar.

Aqui eu não separaria o primeiro e o segundo nível, ainda que certamente eles façam diferença na história possível a ser narrada. Em outras palavras, o que quero dizer é que ao sermos testemunhos da experiência de outro, esta experiência, em alguma medida, também nos constitui. Não me parece absurdo que o artista Jeff Wall tenha produzido as imagens mais eloquentes da guerra do Afeganistão no quintal de sua casa, sem nunca ter colocado os pés naquele país. Trata-se da fotografia de dois metros de altura por quatro de largura montada em uma caixa de luz e intitulada "Conversa de soldados mortos". Susan Sontag aprofunda este ponto no seu ensaio *Diante da dor dos outros*. Escreve ela: "As figuras na criação fotográfica de Wall são realistas, mas é claro, a imagem não é. Soldados mortos não falam. Aqui, falam." [40]

A literalidade do acontecimento pode ser luminoso, mas também pode cegar. Queiramos ou não, testemunhar é muito mais do que dizer eu estive lá e assim tenho algo a dizer. Temos o compromisso com nosso tempo e o dever de colocar palavras lá onde larvas e lavas devoram a linguagem. Acredito que o que é importante neste ponto é sabermos em que medida acolher a narrativa de um outro pode tocar nosso corpo, nos dando a experiência de efetivamente ter estado ali onde nunca estivemos.

Restaria ainda o terceiro nível de testemunho que refere Laub, ou seja, testemunhar o processo mesmo do testemunho. Esta reflexão nos ajuda a pensar sobre o tensionamento entre o imperativo de narrar e a impossibilidade desta narrativa, impossibilidade entendida aqui no sentido de que tudo que dissermos será sempre insuficiente. Mas como diz Beckett em seu livro Inominável, "é preciso dizer palavras enquanto houver, é preciso dizê-las, até que elas me encontrem, até que elas me digam, estranha pena, estranho pecado, é preciso conti-

---

40 SONTAG, Susan. *Diante da dor dos outros*. Companhia das Letras, São Paulo, 2003, p. 103.

nuar.....ali onde estou, não sei, não saberei nunca, no silêncio não se sabe, é preciso continuar, não posso continuar, vou continuar." [41]

Testemunhar, portanto, é uma forma de reconstrução da vida.

Outra contribuição importante neste ponto é de Gérard Wajcman em seu livro *O objeto do século*, onde vai nos dizer que os testemunhos são o lugar do impensável. Impensável na medida em que nos coloca diante da importante questão do que significa transmitir uma experiência e do quanto suportamos o testemunho das testemunhas. Enunciar "que horror" ao saber destas histórias e depois folhar rapidamente seu jornal, como faz Madame Verdurin, personagem de Proust no livro "Em busca do tempo perdido", pois não queria estragar seu café da manhã com o desespero dos náufragos do navio britânico Lusitânia, é pactuar com a morte.

A literalidade do acontecimento traumático pode ser ponto de partida ou ponto final. O "eu estive aqui" não é garantia da riqueza de uma transmissão. Aqui valeria a pena fazer uma diferença entre dois estatutos possíveis na relação entre trauma e literalidade.

Há uma literalidade do trauma que pode nos deixar reduzidos à mínima significação, ou até mesmo à ausência de significação, e que Freud tanto insistiu ao falar das neuroses traumáticas e seu conceito de compulsão à repetição. Retornar à cena em sua força bruta, aterrorizadora, paralisante. Portanto, um literal que nos reduz à condição de objeto, de assujeitamento completo, a uma lógica que nos ultrapassa e da qual pouco sabemos.

Há, contudo, outro literal, que é como uma espécie de retorno possível à cena traumática, lembrando o que Claude Lanzmann, no seu filme Shoah, nomeia como uma obscenidade do entendimento que aniquila a complexidade do fenômeno. Vejo aqui, por exemplo, o trabalho do poeta Paul Celan, cujo desafio em seus poemas era dar corpo a uma falta de imagem. O estrangeiro vem sempre problematizar o nosso em falta com a imagem, justamente quando nos propõe outras formas de ver e narrar o mundo. Este literal seria como uma espécie de recusa a uma nomeação apressada, apontando, assim, a insuficiência do nome. Não confundamos com uma recusa à significação. O desafio seria o seguinte: como mostrar através de uma imagem que não há ainda imagem disponível? Trata-se, portanto, de uma literalidade que

---

41 BECKETT, Samuel. *O inominável*. Editora Globo, São Paulo, 2009, p. 185.

abre sentidos, que perturba o signo em suas paralisias sintomáticas. Celan mostra um minimalismo na linguagem, no intuito de conter a voracidade de um entendimento que pode ser destrutivo . Gesto, portanto, que restaura a potência da memória como um trabalho ainda a ser feito, como uma missão que precisa sempre ser recomeçada.

Neste ponto, lembro do início do filme de Alain Resnais, *Hiroshima, mon amour*, onde temos uma demonstração exemplar do que estou tentando sublinhar. Qual o limite do que se pode dizer de uma catástrofe? Em que medida somos capazes de ver diante de nós um estrangeiro que denuncia nossa cegueira?

A voz feminina diz: Eu vi Hiroshima!

A voz masculina: Você não viu nada em Hiroshima!

Ela: Eu vi tudo em Hiroshima. Eu vi o hospital. Tenho certeza. Como poderia não ter visto?

Ele: Você não viu o hospital em Hiroshima!

Neste momento aparecem pessoas em um hospital, olhando rapidamente para a câmara, para logo em seguida desviar o olhar. Resnais e Duras indicam que há um olhar de quem viu e para o qual não podemos ver. Não é possível continuar olhando o olhar delas. Há, portanto, algo que escapa ao olhar.

Mas é preciso testemunhar. O filme mostra o museu. "Fotografias , reconstituição na falta de outra coisa". "E explicação na falta de outra coisa". O filme nos mostra a força de resistir ao horror do não entendimento.

Então o que vemos, o que nos olha? O que podemos e devemos fazer diante de imagens que abrem sob nossos pés um abismo? Como diferenciar o silêncio da indiferença do silêncio potente que não deixa calar a pergunta sobre o que estou efetivamente vendo?

Georges Bataille denuncia a lógica arquitetada pelos militares norte-americanos de medir o horror do estrago. O mesmo cuidado com que a bomba foi preparada foi dedicado à missão de registro do acontecimento. Dois dos B-29 que acompanharam o Enola Gay com a bomba, fizeram isso para registrar o horror, calcular para a ciência os efeitos do artefato técnico. Foram fazer o registro "científico" do experimento. Great Artist, como foi nomeado o outro avião, iria medir a radiação, e outro avião iria capturar imagens e outras experimentações. Esta lógica se seguiu meses e anos depois com as ditas missões que foram a campo para calcular o incalculável da dor, os índices de radiações. São muitos os depoimentos de sobreviventes dizendo o quanto eram manipulados como tubos de ensaio, sem a mínima preocupação em curá-los.

Como tolerar a abordagem do horror de Hiroshima e Nagasaki com uma lógica de estatísticas, de números, que diluem em sua lógica científica a dor de milhares? Como singularizar uma tendência à homogeneização que a lógica das estatísticas e o triunfo da técnica nos impõem? Fazer face a este horror nos obriga a testemunhar as histórias, uma a uma. As histórias, escutadas uma a uma, rompem com a simplificação dos entendimentos teóricos que literalmente banalizam o mal ao encontrar uma suposta explicação cientifica, histórica ou técnica para o horror. "Jogamos a bomba para poupar vidas e acabar a guerra o mais rápido possível", dizia um oficial norte-americano no documentário *Luz Branca, Chuva Preta*.[42]

Um ponto fundamental a refletir na proposição de Bataille se refere à diferença que faz entre abordar um acontecimento pela reflexão e entendimento ou pelo afetivo. Que mecanismos criamos para nos proteger dos acontecimentos e acreditar que o que acontece com um "estrangeiro" pode nos produzir menos sofrimento do que os produzidos sobre "um dos nossos". Escreve ele: "Temos que admitir que se as bombas tivessem caído sobre Bordeaux ou sobre Bremen (supondo estas cidades intactas, ainda não evacuadas), as bombas não teriam tido para nós o sentido de um experimento científico – cuja magnitude ultrapassa a imaginação."[43]

Bataille se detém no depoimento do Sr. Tanimoto, que, ao ver centenas de corpos literalmente se derretendo, precisava repetir para si mesmo, sem parar: "São seres humanos, são seres humanos". Aqui, o temor de que uma vacilação do pensamento poderia nos fazer supor que estávamos, efetivamente, em outro universo, algo muito próximo da vivência animal. Os animais se salvam do confronto com o absurdo pela incapacidade de entendimento. Mas, paradoxalmente, a intensidade da sensibilidade nos aproxima desta animalidade, na medida em que a sensibilidade soberana, como nomeia Bataille, em sua força extrema, não nos deixa ver para além do momento presente.

---

42 Documentário dirigido por Steven Okazaki em 2007. Filme produzido nos Estados Unidos. Título original: *White Light, Black Rain: the destruction of Hiroshima and Nagasaki*.
43 BATAILLE, George. In: CARUTH, Cathy. *Trauma – explorations in memory*, The Johns Hopkins University Press, Londres, 1995, p. 223.

Como lembra Cathy Caruth no seu texto *Trauma e experiência*, "o traumatizado carrega uma história impossível consigo, se tornando por vezes o sintoma de uma história que não pode ser completamente apreendida". [44] Contudo, só há testemunho se há narração.

Mas a vida resiste de forma absurda. O branco do clarão ressurgiu na praga das larvas que se multiplicavam aos milhares nos corpos em sofrimento. Elas devoravam a carne putrefata. Curiosamente se produziu, em pouco tempo, uma praga abjeta que acabou produzindo mais cura que danos. O médico Paul Takashi Nagai, um dos poucos que pode publicar suas memórias no tempo do controle norte-americano, devido à censura extrema do testemunho, revela no seu livro *Os sinos de Nagasaki* como seu trabalho de médico, diante da insuficiência de recursos, se restringia a levar aos doentes latas de pêssego e o conselho de não retirar as larvas brancas de suas feridas.

Testemunhar é manter vivas estas larvas que continuarão a arejar o solo para que novos pessegueiros floresçam.

Agulha

Não podemos esquecer nossa condição de imigrantes, refugiados, estrangeiros, exilados, náufragos no território do inconsciente. Precisamos ir além dos discursos humanistas e religiosos como "amarás teu próximo como a ti mesmo", que tanto incomodava Freud. Precisamos desativar a bomba com outras ferramentas. Muitas barbáries são sustentadas no rumor de discursos bem intencionados e humanitários, como "lançamos a bomba para salvar vidas", como diz um general norte-americano no documentário de Steven Okazaki, que mencionei acima. Como desativar este explosivo da inflação identitária que estamos vivendo, também de forma mortífera, em nosso país nestes últimos anos? Como nos lembra Adorno, "o pensamento da identidade tem sido, ao longo da história, algo mortífero que devora tudo. A identidade está sempre, de modo virtual, relacionada à totalidade". [45]

O imigrante, o estrangeiro, o refugiado, vem colocar em uma certa posição de abismo os espaços aparentemente seguros do que

---

44 CARUTH, Cathy. *Trauma – explorations in memory*. The Johns Hopkins University Press, Londres, 1995, p. 5.
45 ADORNO, Theodor. *Minima Moralia – reflexions sur la vie mutilée*. Payot, Paris, 1983, p. 37.

representa para cada um o familiar. O estrangeiro coloca em cena a potência utópica de buscar novas imagens, novos espaços, novos significantes, novas línguas. Produz assim, com este deslocamento, uma renovação da língua.

Em uma bela reflexão intitulada "A competência do estrangeiro", Jeanne Marie Gagnebin lembra uma das cenas da *Odisseia*, de Homero, justamente no canto quarto, em que uma doméstica ao ver um estrangeiro à porta vai até o rei e lhe pergunta se deve acolhê-lo ou acompanhá-lo à casa de um vizinho. O rei Menelas, marido de Helena, responde indignado:"é preciso sempre acolher o estrangeiro. Por trás de seus traços pode se esconder um deus: Hermes, o deus dos caminhos, ou mesmo Zeus, o rei dos deuses. " [46]

Receber um estrangeiro, um hóspede, significa estabelecer uma aliança para o presente e para o futuro. Este encontro sela uma sorte de pacto, reconhecimento mútuo que engaja também os descendentes. O estrangeiro XENOS pode ser um aliado e nos ajudar a perceber o Xenos que nos move. (ES)

---

46 GAGNEBIN, Jeanne Marie. *A competência do estrangeiro*. Humanidades, Vol. 57, 2010, p. 42.

ABRÃO SLAVUTZKY • EDSON LUIZ ANDRÉ DE SOUSA

VI – Arte - quando os atos se tornam formas

A melodia das coisas – diálogos possíveis entre Evgen Bavcar e Oscar Muñoz

Não se percebe nada se não se pode formular uma linguagem
EVGEN BAVCAR

Primeira Imargem

Noite. Silêncio. O cenário é Lokavec, na Eslovênia, junto a um vale cercado de montanhas que os habitantes locais nomeiam como a "Montanha dos Anjos". Bem perto dali, Trieste, onde outros anjos foram imortalizados por Rainer Maria Rilke em suas Elegias de Duino. Cidade de tantos exilados, entre eles James Joyce: lugar de passagem, fronteira, território incerto de tantas imagens, como Uros, as ilhas flutuantes do lago Titicaca, na contingência da história de um Europa inquieta. "Quem, se eu gritasse, entre as legiões dos Anjos me ouviria?" Assim começa a primeira Elegia de Rilke, anjos como mensageiros dos Deuses, que ouviremos se fizermos silêncio na hora do crepúsculo, como gosta sempre de lembrar Bavcar. Ele, Bavcar, grita com imagens, um pouco como Edvard Munch, explorando o limite da forma, buscando este momento da diluição da forma no espaço do mundo, que para ele é pleno de obscuro. Ele busca estes anjos mensageiros em vão, já que o silêncio absoluto nos é interditado. Bavcar sai à noite com sua sobrinha Veronica e se coloca diante de sua casa de infância. No céu, apenas alguns pontos de luz invisíveis na fotografia que constrói com cuidado. Manuseia um projetor de luz, buscando o olho da casa: a janela. A luz parte, portanto, do seu corpo. Busca furar a casa com sua luz, em um desejo de revisitar a infância guardada em seu corpo/ memória. Sua luz nada mais é que seu desejo de imagens, sua imaginação buscando reconstruir suas imagens de origem. A cena dura algum tempo até o momento que o clique da máquina fixa a imagem. Assim podemos ver a janela da sua casa de infância iluminada por um facho de luz circular. Um olho iluminando outro olho. Janelas da alma. O corpo contido no espaço de dentro sonhando com a noite. No entorno da casa, o quadrado negro de Kasimir Malevitch. Espaço de origem de toda imagem. Vemos o contorno do telhado em vértice, vórtice, vertigo. A imagem suspensa no tempo de nossa memória, das infâncias que esquecemos e que retornam inesperadamente em todos os nossos sonhos. Freud capturou esta melodia e nos deixou a partitura que nos permite ensaiar estas viagens para tão longe e para tão perto. Na imagem da casa de infância vemos ainda uma pequena pontuação na parte inferior da fotografia, como uma espécie de reticências nos indicando um inacabado.... pontuação de luz onde o artista deixa a sua assinatura em mínimos rastros de presença. Temos que fechar os olhos para ver, abrindo assim espaço para a imaginação. É dentro destes espaços que o verso de Henri Michaux reverbera: "Je me suis uni à la nuit" [47], unir-se à noite como uma estratégia de resistência aos protocolos que nos indicam os caminhos. Circularidades. A arte como recusa, instituindo o adágio tantas vezes retomado por Ernst Bloch: "ainda não". O vértice do telhado também como ponteiro da noite, colchete que desce do céu como uma espécie de capa do tempo, contendo provisoriamente nossa sede de diluição na noite.

Bavcar nos apresenta sua *luz escura*, titulo também de filme sobre sua obra, onde a cena que descrevi acima pode ser vista. Minha hipótese para este apontamento é que o processo de construção de suas fotografias nos permitem formular que o corpo é o que ainda resiste a esta captura pelo absoluto da noite, uma espécie de estratégia da natureza (da linguagem) para deter o absoluto que nos interpela. O corpo anuncia nossa impotência, nossa impossibilidade de abarcar o absoluto, mas o corpo que está em causa aqui é este corpo da linguagem que nos constitui e o faz a partir do princípio que instituiu a psicanálise: a castração. O que acabo de dizer pode ser formulado de outra forma, evocando o ensaio que escreve Deleuze sobre Leibniz em seu livro *A dobra – Leibniz e o Barroco*: "Devo ter um corpo, porque há o obscuro em

---

47 *Eu me uni à noite*. MICHAUX, Henri. *Dans la nuit* in: *Un certain plume recuilli dans l'espace du dedans*. Gallimard, Paris, 1998.

mim". Este é o ponto de partida de Bavcar em toda sua reflexão e em sua arte e parece ser exatamente o que procuramos dar conta com a experiência psicanalítica: cercar esta inundação de obscuridade que nos constitui. Quando Bavcar diz que, para ele, fotografar pode ser traduzido por colocar uma câmara obscura atrás de outra câmara obscura, de alguma forma, desde o ponto de vista da psicanálise, este cenário não seria algo exclusivo dos ditos cegos. Na verdade, todos nós, na medida em que temos um corpo, habitamos esta câmara obscura. Como ele diz em uma de suas entrevistas, "somos todos cegos diante das formas cósmicas dos hindus ou diante do eterno feminino". [48]

Em outra fotografia, feita anos depois, chamada *Céu Estrelado*, vemos uma espécie de releitura desta imagem de sua casa de infância de Lokavec. Sua imagem com 10 anos, antes de perder a visão, o olha como se na foto da casa fosse justamente este olhar que buscasse. O infantil nos olha, o infantil fala em nós, insiste em ressurgir em nosso corpo como estrelas tão distantes, como pontuações de luz que dão ritmo ao que falamos, interrompem nossa fala, desenham a melodia do que falamos sem saber.

Segunda Imargem

> *Vê como estamos bem no começo?*
> *Como que antes de tudo. Com*
> *Mil e um sonhos para trás e nada feito."*

É assim que Rainer Maria Rilke inicia seu texto *A melodia das coisas* escrito em 1898 . Tinha 22 anos, e por sugestão de Lou Andreas Salomé vai passar uma temporada em Florença para conhecer a pintura do Renascimento. É neste contexto de um jovem apaixonado que escreve sua melodia em quarenta fragmentos, tentando fundamentalmente entender o que é figura e fundo na pintura renascentista. O que o guia nesta investigação poética é a pergunta sobre o que efetivamente faz contato entre dois sujeitos. No fundo, buscava entender a química de sua paixão por Salomé. Este texto é, ao mesmo tempo, uma espécie de

---

48 BAVCAR, Evgen. *Uma câmera escura atrás de outra câmera escura* in: SOUSA, E.; TESSLER, E.; SLAVUTZKY, A. (Orgs.). A *invenção da vida: arte e psicanálise*. Artes e Ofícios, Porto Alegre, 2001, p.32.

elegia, um diário de viagem, um ensaio de pintura ou, se quiserem, uma galeria de imagens fotográficas.

Rilke parte da ideia de que cada sujeito habita uma ilha diferente e afirma nossa condição de desamparo e solidão. Escreve ele: "Para passar de uma ilhota a outra há somente uma possibilidade: perigosos saltos nos quais se arrisca mais do que os pés. Surge um eterno vai e vem de pulos com acasos e ridículos; pois pode acontecer que dois saltem um em direção ao outro, ao mesmo tempo, de forma que só se encontram no ar, e depois dessa cansativa troca estão tão distantes – um do outro – quanto antes." [49]

O que me interessa aqui é esta imagem/faísca, de encontro no ar, num mínimo lapso de tempo, que se desfaz no instante mesmo em que acontece. Não seria este o paradigma da imagem fotográfica que tenta capturar este instante, ou seja, ter a ilusão de possuir algo (uma imagem) que não se pode mais ter, que já se perdeu? Dito de outra forma, o desejo da fotografia é de possuir algo que não se pode ver. É desde este lugar que o obscuro Outro nos olha, a partir destes vestígios que tentamos registrar em imagens e que nosso corpo acolhe como papel fotográfico. Não há olhar sem este corte, esta perda, esta subtração, esta queda. No seminário "Os quatro conceitos fundamentais em psicanálise", Lacan é categórico ao dizer que o olhar só se nos apresenta na forma de uma estranha contingência, simbólica do que encontramos no horizonte e como ponto de chegada de nossa experiência, isto é, a falta constitutiva da angústia de castração. A questão aí se desloca da pergunta de como uma imagem se constrói para como ela se fixa, se registra! A produção de imagens pela câmara obscura era conhecida desde a antiguidade e muito utilizada desde a Idade Média, mas foi só em 1826, com Nicéphore Niépce, que se conseguiu fixar pela primeira vez a imagem produzida. Fixar em um suporte e, portanto, subtraí-la do devir do tempo. Este processo foi aprimorado um pouco depois, quase simultaneamente, por Daguerre, na França, e Talbot, na Inglaterra.

Oscar Muñoz, artista colombiano, produz um trabalho em vídeo onde tenta fazer um autorretrato com pincel e água, desenhando sua imagem no solo. Quando esboça um traço do contorno do seu rosto, o traço anterior que havia feito vai se apagando com a evaporação da

---

49 RILKE, Rainer Maria. *A melodia das coisas*. Estação Liberdade, São Paulo, 2011, p. 125.

água. Retoma, então, cada traço, incansavelmente, diante de uma imagem que insiste em se apagar. Gesto desesperado de buscar sua imagem que insistentemente lhe escapa. Não poderíamos ver neste procedimento uma outra narrativa sobre o ponto zero da fotografia, o obscuro de que fala Bavcar, o quadrado preto de Malevitch, furando nossa ilusão de totalidade? Não seria justamente este o espaço possível para uma imagem que surge ali onde o furo como apagamento se inscreve? Poderíamos ver este gesto de Munoz como uma imagem viva do que chamamos cadeia significante, e que Bavcar nomeará como terceiro olho, ou seja, este que pode olhar desde a obscuridade. Aqui propomos o conceito de imagem para além do visual. Importante sublinhar a potência política deste trabalho, que evidentemente indica também nosso desafio de resistir ao apagamento da imagem e seu esquecimento.

Terceira Imargem

Em 1933 o escritor japonês Tanizaki Junichirô publicou um livro comovente, tentando dar conta da concepção japonesa do belo. Sua obra, intitulada *Elogio da sombra*, narra inúmeras experiências vividas por ele, demonstrando a importância das sombras, dos espaços vazios, do silêncio, para captarmos a presença luminosa dos objetos, os quais, como sabemos, funcionam na condição de ventríloquos das ficções que podemos construir de nós mesmos. Melodia das coisas. Em uma de suas narrativas de *Elogio da sombra*, relata, por exemplo, sua decepção ao chegar num conhecido restaurante de Kyoto, o *Waranji-ya*, e perceber que haviam substituído os arcaicos castiçais por lâmpadas elétricas. Argumentaram a ele que muitos clientes se queixavam da excessiva obscuridade. Tanizaki, que tinha ido até ali para justamente buscar este prazer da luz dos castiçais, pediu então para que trouxessem um, e se instalou num dos recantos do restaurante. Passa a descrever a beleza dos objetos em laca, convencido de que a obscuridade é condição indispensável para que se possa apreciar a beleza de tais objetos.

Esta subtração de luz delineia um outro contorno ao objeto, e certamente recupera uma nova configuração do pensamento. Tempo de uma memória imprecisa, que nos lança o desafio de remontarmos a cena infantil, como se voltássemos a ver as peças de nossos brinquedos espalhadas num espaço que não reconhecemos completamente.

IMAGINAR O AMANHÃ

Esta é, sem dúvida, uma das condições de nossa cegueira, a de todos, e que por nossa teimosia narcísica insistimos em esquecer. É aqui, também, que os sonhos, como estrelas cadentes, pulsam todas as noites nos mostrando que a densidade de uma imagem depende do esforço da palavra e o amparo de um testemunho que reconheça e legitime a experiência do inconsciente: cerne portanto da travessia psicanalítica.

É por esta razão que o que vimos até aqui da obra luminosa de Evgen Bavcar nos interpela sobre a condição da visibilidade. Ele é categórico ao afirmar que "não podemos conceber uma arqueologia da luz sem considerar a escuridão, e sem elucidar o fato de que a imagem não é apenas alguma coisa da ordem do visual mas pressupõe, igualmente, a imagem de obscuridade ou das trevas". [50] Bavcar vai então buscar no quadrado preto do artista russo Kasimir Malevitch um estado primeiro da imagem, como uma borracha que precisa abrir espaços na folha repleta de traços. Imaginem que saímos pela vida apenas com uma folha. Nossa mão trêmula, diante dos acontecimentos da história que vamos traçando, e na ânsia de registrar a experiência, não encontra outra saída senão escrever sobre o que já foi escrito e assim, cada vez mais, o próprio texto funciona como superfície dos novos registros. A superposição embaralha a leitura, mas também nos dá a verdadeira condição da história. Estamos diante do bloco mágico freudiano. Bavcar, em muitas de suas fotografias, trabalha com imagens superpostas, remetendo o espectador a este tempo de uma suspensão do olhar em que o embaralhamento dos espaços e dos tempos tem um sentido que eu chamaria interpretativo. Por esta razão ele insiste que o *Quadrado negro*, de Malevitch, traz a esperança de um olhar para além do banal onde tudo se nivela.

"É preciso ir agora para trás do quadrado preto, concebendo as trevas não somente como superfície mas sobretudo como um volume, como um espaço existencial em que podem ainda aparecer algumas estrelas redentoras brilhando por sobre o novo". [51]

As fotografias de Bavcar funcionam como imagens de uma utopia que nos reconduzem à justa medida de uma relação perdida com o mundo. Seguindo a pista de Roger Dadoun, que distingue duas con-

---

50 BAVCAR, Evgen. *O Ponto Zero da Fotografia*. Catálogo da exposição na Galeria Sotero Cosme – Casa de Cultura Mário Quintana, Porto Alegre, 2001, p. 11.
51 BAVCAR, Evgen. *O Ponto Zero da Fotografia*. Catálogo da exposição na Galeria Sotero Cosme – Casa de Cultura Mário Quintana, Porto Alegre, 2001, p. 13.

cepções opostas de utopia, trata-se aí certamente da utopia de um tempo do inconsciente. Esta concepção de utopia inverte o vetor tradicional, que vai do presente para o futuro, posicionando o sujeito justamente no sentido inverso. Não se trata de uma forma proposta à espera de realização, mas sim de proposições que nos ajudam a recuperar, em parte, algumas formações do inconsciente. Tem, portanto, um sentido muito mais interrogativo e crítico. Funcionaria, no meu entender, como uma arqueologia dos *textos* embaralhados diante de nossos olhos. Sabendo um pouco dos contornos destes textos, poderemos, quem sabe, recuperar os espaços em branco, os espaços de silêncio que podem dar mais visibilidade ao novo.

Bavcar demonstra com seu trabalho o ponto zero do encontro entre o verbo e a imagem. Suas imagens produzidas através da câmara obscura que ele diz ser, desvenda a anatomia deste encontro, tentando recuperar a noite que precede o dia das figuras conhecíveis.

Bavcar perdeu a visão em dois acidentes entre os 10 e 12 anos. No primeiro, um galho feriu seu olho esquerdo. No segundo, um detonador de mina que manipulava explodiu e feriu seu olho direito. No segundo olho, foi perdendo a visão lentamente, como um longo adeus á luz. Passou então a recolher do mundo visível tudo que poderia, num tempo dos detalhes infinitos: a forma dos objetos, imagens dos livros, as cores do mundo, os fenômenos do céu. Muitas destas imagens guardadas retornam em seu trabalho, recuperando algo que, na verdade, é uma condição de todos nós, ou seja, recuperar parte destes fantasmas infantis perdidos. Suas fotografias, portanto, recuperam não só a nostalgia de sua Eslovênia natal, como também as Eslovênias de cada um de nós. (ES)

IMAGINAR O AMANHÃ

Um mar sem margens – a geografia utópica de Luiz Guides

Uma nova energia invadiu-lhe os braços, e o corpo despertou
ante a certeza de que a vida valia a pena ser vivida
YUKIO MISHIMA

Os primeiros poemas de que tive conhecimento foram canções de ninar e,
antes de poder lê-las por mim, já me apaixonara pelas palavras, as palavras
em si. O que elas representavam ou simbolizavam ou queriam dizer era de
importância secundária. O que importava era o som delas ..."
DYLAN THOMAS

Em 10 de setembro de 2010, morreu nas dependências do Hospital Psiquiátrico São Pedro, em Porto Alegre, Luiz Guides, aos 88 anos. Internado há muitas décadas, deixou no acervo da oficina de criatividade que frequentava no hospital mais de 6 mil pinturas, que são como mapas em movimento. Fixa pontos para indicar nosso fora de lugar, inscreve sequências numéricas para nos deixar nas reticências de um antes e de um depois da série, constrói espécies de relógios esvaziados de sua função, pois escancara em sua obra nossa impossibilidade de reter o tempo. São milhares de pinturas, produzidas obstinadamente desde dezembro de 1989, data em que Guides começou a frequentar a oficina. Homem de silêncio profundo e que soube transferir para os olhos e para suas mãos inquietas o rumor explosivo de sua linguagem. Seu trabalho me evoca os grandes desenhos da artista carioca Rosana Ricalde, sobretudo seu trabalho "Cidades Invisíveis", de 2007. Nesta obra, Ricalde compõe em uma colagem de grande dimensão o mapa da cidade de Paris, com linhas/frases que recorta do livro *As cidades invisíveis*, de Ítalo Calvino. Assim, desenha uma imagem com os recortes que faz do texto do livro. Um texto dentro de outro texto. Mostra, portanto, que para nos achar minimamente em uma cidade é preciso perder o enredo do texto: cidade/rede, cidade/teia, indagando o que é um lugar. Guides, como artista, é também uma espécie de geógrafo. De suas cidades invisíveis sabemos pouco, ou quase nada, mas é certamente este texto que anima sua construção utópica de um outro mundo onde habita, nos transmitindo também a esperança de que ainda é possível construir mapas que nos orientem em nosso desamparo. Ele nasceu em Rio Grande, cidade portuária, mas sua navegação de vida, por mais de 60 anos, foi nos labirintos de um hospital que já enclausurou muitas "vidas de fora". Foi internado em 23 de agosto de 1950, por estar "desorientado no tempo e no espaço, com raciocínio lento e incoerente, e com alucinações auditivas" (dados do prontuário).

Pude ver algumas vezes Guides trabalhando na oficina de criatividade. A primeira vez, em setembro de 1998.[52] Ele estava sentado elegantemente diante de seu cavalete, de pernas cruzadas, e perto de uma grande janela. Trabalhava com uma concentração impressionante. Dominava as cores com destreza e, metodicamente, ia construindo sua pintura em quadrantes, de baixo para cima como em um ritual sagrado. Círculos surgiam dentro dos quadrados, e pequenos pontos circulares lembrando os números de um relógio. Por vezes, algumas séries numéricas surgiam no papel, de um a sete, como uma evocação distante do que eu chamaria, na esteira do poeta Dylan Thomas, de uma canção de ninar. Números que tentam ordenar o mundo, escapando da circunferência autômata do tempo dos relógios. Séries que funcionam como um tempo desalojado, perdido no espaço da folha e do mundo, lembrando rastros de uma presença que surge, para se apagar no instante seguinte. Guides, em muitas de suas pinturas, cobre este mundo de sinais com camadas e mais camadas de tinta, mas continuamos vendo o fundo de rumor que ele conserva. A luz que entra pela janela do hospital ilumina seus olhos aquáticos, azuis, e temos a sensação que ele, o cavalete, o pincel, suas tintas, as paredes descascadas, o piso quadriculado de cerâmica, formam uma e só coisa. Sua pintura encontra uma espécie de reflexo, de duplo no chão. Como um maes-

---

52 Nessa ocasião coordenei, junto com Sandra Rey, a organização de um seminário intitulado *Inconsciente e ato criativo: poïética e psicopatologia*, na UFRGS. Associado a este evento foi organizada uma exposição que certamente marcou época, intitulada *Quatro por Quatro*. A exposição foi concebida a partir de uma proposta de deslocamento de lugares. Quatro artistas professores do Instituto de Artes expuseram no pátio do Hospital São Pedro (Elida Tessler, Hélio Fervenza, Romanita Disconzi e Sandra Rey) e três artistas internos do HPSP (Luiz Guides, Natalia Leite, Cenilda Ribeiro), mais Roseno Pereira, de Campinas, expuseram suas obras na Pinacoteca do Instituto de Artes da UFRGS.

tro inquieto, vai compondo outras formas no chão da sala da oficina, muitos quadrados coloridos com pontos e linhas, como se a pintura transbordasse do espaço vertical do papel. Cria assim seu equilíbrio tênue, como se dentro do mar revolto em que navega precisasse sonhar com o encontro de alguma margem. O chão se faz seu território, como um autorretrato expandido no mundo. Ali pode colocar os pés como o navegante que enfim encontra algum porto em que possa ancorar.

Escrever sobre as pinturas de Guides exige prudência. É preciso resistir a muitas tentações que são, no meu entender, empobrecedoras. Não se trata "de ler" sua vida através de suas obras, nem de "interpretar" suas formas como secreções de seu padecimento psíquico. Definitivamente não é isto que me interessa no encontro do seu trabalho. Claro, mesmo que não possa abstrair completamente o contexto em que estas são produzidas, gostaria de minimamente deixar falar o que suas formas evocam, o que sua obra, pelas qualidades formais ali produzidas, abre como imagens, como sensações e como linguagem. Seu silêncio, neste ponto, não deixa de nos ajudar em nosso método, pois limita a tentação de buscar em suas palavras o motor deste trabalho. De qualquer forma, mesmo que pudesse e quisesse falar delas, não deveria ser este o ponto de partida.

Vale aqui o alerta lúcido de Robert Musil em seu texto *Da Estupidez*:

> "Como nosso saber e o nosso poder são limitados, estamos reduzidos, em todas as ciências, a enunciar juízos prematuros; mas desde que estejamos atentos, como nos ensinaram, para manter este defeito em certos limites e corrigindo-o logo que possível, isso restitui ao nosso trabalho uma certa exatidão. Nada, com efeito, se opõe à possibilidade de transferir para outros domínios esta exatidão e esta orgulhosa humildade do juízo e da ação". [53]

Assim, as pinturas de Guides, em seu valor de obras de espírito como propunha Paul Valery, nos lança uma série de enigmas. Coloca em cena uma reflexão sobre como nos situarmos no tempo da imagem, do inacabado e, sobretudo, testemunha com suas cores e traços metódicos a função da arte como forma de introduzir vertigem e ordenação em nossas vidas. Suas pontuações no chão indicam uma queda vertiginosa que busca na

---

53 MUSIL, Robert. *Da estupidez*. Relógio D'Água, Lisboa, 1994, p. 36.

horizontalidade um abrigo e sustentação. Algo de origem surge também como imagem possível, lembrando a necessidade que nossos ancestrais tinham de marcar, registrar a vida nas paredes das cavernas. Este movimento introduz, pela intensidade do gesto, uma erótica na medida em que revela uma certa consciência da finitude. Georges Bataille sempre insistiu nesta relação intrínseca entre erotismo e morte e encontrou na pintura das cavernas seu campo de desenvolvimento desta tese. Discorrer em imagens sobre o tempo, sua marcação implacável, seus relógios-explosões de cores, sua obstinação pelo velamento sutil das inscrições que vai preenchendo no espaço de suas pinturas, será nosso fio condutor. Guides introduz em seus trabalhos seriações, as quais colocam perguntas precisas sobre uma ideia de origem e, sobretudo, um enigma sobre o apagamento, a diluição das formas, o silêncio absoluto representado pelos espaços deixados em branco em seus trabalhos. Como lembra Georges Bataille em seu ensaio *As lágrimas de Eros*: "É do fato que somos humanos e que vivemos na sombria perspectiva da morte, que conhecemos a violência exasperada, a violência desesperada do erotismo". [54]

A erótica destas pinturas está inscrita nos traços que buscam marcar de forma rudimentar e sublime um fragmento de tempo. Traços em série que vemos em várias pinturas e que me lembram as ancestrais marcas dos primeiros homens gravadas em ossos, remetendo-nos aos primeiros calendários humanos.[55] Rene Passeron, que participou do evento mencionado acima, em 1998, e que conheceu o trabalho de Luiz Guides, publicou posteriormente um belíssimo texto, onde tenta dar conta do conceito de poïética, se indagando sobre o motor do ato de criação. Em seu ensaio/poema *Por uma Poïanálise*, define com precisão o que tento explicitar:

> "A estranha conduta de criar visaria, em última instância, preencher este buraco da memória, constituir uma memória mítica do imemorial - memória feliz, visto o maravilhoso da luz – memória trágica, todo o nascimento sendo premonição-da morte". [56]

---

54 BATAILLE, Georges. *Les larmes d'Éros*. Éditions , 10/18, Paris, 1971, p. 62.
55 Um dos primeiros registros desta marcação de tempo pode ser encontrada em uma peça de osso no Museu Nacional de Arqueologia, em Saint-Germain en Laye, na França.
56 PASSERON, Rene. In: SOUSA, Edson; TESSLER, Elida; SLAVUTZKY, Abrão.

As formas de Guides nos abrem esta memória mítica do imemorial, pois produz dentro de um espaço onde se faz urgente o dever de lembrar histórias esquecidas, segregadas, apagadas. Suas obras abrem os arquivos do tempo, esburacam o chão com suas pontuações coloridas, como uma escavação sutil na superfície do mundo. O ato de criação materializa a função essencial que Karl Kraus pensava para o artista, ou seja, aquele que tem alguma coisa a dizer e assim mostra e se cala. Silêncio ativo, pois como evoca Elida Tessler em um texto sobre a obra de Guides: "Hoje arrisco dizer que o que fazes é uma pintura-poeira, ou uma pontuação do silêncio". [57]

Últimas pinturas

Em abril de 2010 voltei à oficina de criatividade para rever as pinturas de Luiz Guides e com o propósito de saber um pouco de seus últimos trabalhos. Barbara Neubarth me diz que Guides vinha cada vez menos à oficina, pois estava com muita dificuldade para caminhar. Vi algumas de suas obras de janeiro de 2010. Emoção repentina ao reconhecer seus traços e perceber que a lógica de suas construções resistia ainda na folha de papel. Contudo, nestes trabalhos, cada vez mais deixa amplos espaços em branco na superfície de papel. Outra pauta musical se apresenta aos nossos olhos, com inscrições cada vez mais expandidas das pausas e dos silêncios. Pude perceber que tais trabalhos eram como anotações esparsas de um viajante cansado, que ao chegar ao porto relata em quatro ou cinco palavras as peripécias de sua travessia. Anotações ainda potentes que nos convidam a revisitar os mapas de seu percurso. Claramente inacabadas, vemos no papel alguns esboços de quadrados, traços iniciais, séries numéricas que organizam a construção de seu espaço pictórico. Temos diante dos olhos uma dissecação de suas pinturas, numa espécie de lição de anatomia como Rembrandt. A pintura se despe e mostra suas entranhas. Certa alusão ao começo? Radicalidade de um começo que começa e recomeça. A obra instaura sua ficção de origem, e seus planos inacabados funcionam, no meu entender, como campos de promessas, na trilha do que Ernst Bloch nomeia como Princípio Esperança:

A invenção da vida – arte e psicanálise. Artes e Ofícios, Porto Alegre, 2001, p. 11.
57 TESSLER, Elida. *Habitar o silêncio, esculpir o tempo*. In: FONSECA, Tania & COSTA, Luciano Bedin. *Vidas de fora – habitantes do silêncio*. Editora da UFRGS, Porto Alegre, 2010.

> "Em suma, as grandes obras não são deficientes como no tempo do seu primeiro dia nem gloriosas como no seu primeiro dia: ao contrário, elas despem tanto a sua carência quanto a sua glória, sendo capazes de uma glória posterior, derradeira, a ser intencionada". [58] (BLOCH, 2005, p.154)

Pinturas como compressas picturais depositadas na ferida aberta no corpo. Nestes mapas pictóricos uma orientação mínima. Em várias pinturas deste mesmo dia encontro esboços de números que se apagam, reduzindo-se a puros traços. Em outro trabalho, datado de 18 de janeiro 2010, pinceladas verticais em azul e vermelho, e a série numérica fica restrita ao 1 e 2, como se não fosse possível ir adiante e romper esta gagueira de origem. Em outro trabalho deste mesmo dia, uma redução ainda mais minimalista, o número 1 em grande formato e um círculo amarelo luminoso como o sol de Van Gogh. O último trabalho que vi está datado de 29 de março 2010. Cores se diluindo uma na outra como uma espécie de crepúsculo em tons de amarelos, azuis, vermelhos. Cores potentes como se anunciassem uma explosão celeste. Uma série numérica materializa a obstinação da repetição que Guides celebra em suas pinturas: 1 2222222 33333.....

Esta é sua forma de registrar sua presença. Muitas pinturas são feitas no verso de cartazes, criando diálogos inusitados mesmo sem intenção expressa do artista. Há uma série de pinturas de dezembro de 2000 feitas no verso de um cartaz da campanha sobre paralisia infantil. Suas pinturas materializam o movimento de uma vida estacionada e esquecida dentro de um hospital psiquiátrico. Nos sessenta anos que está internado recebeu uma única vez a visita de um irmão. Sua obra, portanto, resiste à lógica paralisante do hospital como instituição de sequestro, como evoca Michel Foucault em seu livro *A verdade e as formas jurídicas*. Foucault aludia ao sequestro que retira do indivíduo seu saber, seu tempo e até mesmo seu corpo.

Guides restitui, com seus trabalhos, seu corpo, seu tempo, seu saber. Assim registra sua presença no mundo, deixando para a história os rastros de seus relógios coloridos. Pintura/tempo que foi se organizando no espaço do papel. As primeiras pinturas surgiram como bor-

---

58 BLOCH, Ernst. *O Princípio Esperança*. Editora Contraponto, Rio de Janeiro, 2005.p. 154.

rões, massas de cores disformes. Aos poucos ele foi encontrando uma ordenação para sua vertigem e os espaços reticulados com suas espirais, círculos, pontos, setas, números, traçavam as "i-margens" que precisava para registrar o contorno do seu mundo. Como lembra Barbara Neubarth, responsável pela criação da oficina de criatividade do hospital e que acompanhou desde o início o trabalho de Guides: "Seu primeiro trabalho foi feito com giz de cera marrom em riscos sobre o papel. Do giz de cera passou para a tinta têmpera, em grandes manchas sem forma. Poucos dias depois, em uma folha coberta com cores claras, apareceram, em toda extensão, números."[59]

Guides pôde encontrar um fio condutor que permitiu que pudesse fazer de suas manchas iniciais, ainda esvaziadas de sua presença, formas únicas que marcam definitivamente uma escolha sua, um estilo singular, uma verdadeira obra que implode os discursos cinzas e conservadores daqueles que não apostam na força inventiva destas vidas em exílio forçado. Organiza picturalmente seu vazio, dando sentido à proposição de Rene Passeron quando diz que toda arte é um curativo do vazio.

As pinturas mapas que surgem destas primeiras massas de tinta inscrevem um ato instaurador de uma obra, pois formalmente inventam um estilo capaz de interpelar o mundo. Lembraria aqui a insistência do artista Barnett Newman com sua série de quatorze pinturas *Stations of the Cross* (Caminho da cruz), que vi no Museu de Arte da Filadélfia. Nestas telas com linhas verticais pretas podemos pensar simultaneamente na ideia de ascensão e queda. Dispostas de forma circular no espaço da sala, somos envolvidos em sua aura perturbadora por uma dor que busca sua escritura. Newman propõe como subtítulo a esta série *Lamma Sabachtani*, referência ao grito de desamparo que Jesus crucificado dirige a Deus: por que me abandonastes? Diz Newman, na nota que escreve sobre este trabalho, que este grito alude a uma questão sem resposta e nos acompanha há muito tempo. Trata-se, segundo ele, da questão original. Jean François Lyotard, em seu livro *O inumano*, analisa esta série lembrando que a resposta possível não se trataria de "saiba por que", mas "seja!". Lembra que Newman intitulou "Be" uma pintura, retomada em 1970,

---

[59] NEUBARTH, Barbara. *No fim da linha do bonde – um tapete voador: a oficina de criatividade do Hospital Psiquiátrico São Pedro (1990-2008)*. Tese de Doutorado, Programa de Pós-Graduação em Educação, UFRGS, Porto Alegre, 2009, inédito.

ano de sua morte, com o título Be I (segunda versão).

Guides, a sua maneira, deixou pilhas e pilhas de sua presença, como se nestas espécies de cartas endereçadas a seus contemporâneos pudéssemos relançar a pergunta sobre o lugar que ocupa no mundo. Sua obra ainda é pouco conhecida, mesmo já tendo sido mostrada em muitos lugares. Temos todos um compromisso de zelar por esta produção e por sua memória.

Abrir e fechar portas

Christo, artista polonês que viveu grande parte de sua vida na França, envelopa objetos, monumentos, paisagens. Guides, a sua maneira, também envelopa seus "relógios" com camadas e camadas de cores. Esta superfície funciona como uma rasura que sublinha o pulsante da forma que resiste sob esta pele de tinta. Em algumas pinturas, sua maquinaria desaparece quase por completo e temos diante dos olhos uma espécie de véu colorido. Estes sutis apagamentos realçam, contudo, os buracos do plano pictórico que aparece no fundo destas superfícies, apontando para o que eu chamaria de potência utópica do trabalho. Seu obrar obstinado, metódico, nos faz ouvir suas maquinarias do espírito ruidoso e em ruínas, e os números que caem dos relógios retornam, por vezes, em linhas/lâminas como fendas na pintura. Quando trabalha, ele parece encontrar seu mundo, sem medo, armado de uma coragem e de uma energia surpreendentes. Apresenta-nos seus véus coloridos, e ousaria pensar seus círculos não mais como relógios desmontados, mas como telescópios em construção. Aqui o encontro com a reflexão de Ernst Bloch, um dos maiores pensadores da utopia de nossos tempos, é fundamental, na medida em que tenta responder a questão de como atravessar a obscuridade do instante vivido.

"A consciência utópica quer enxergar bem longe, mas, no fundo, apenas para atravessar a escuridão bem próxima do instante que acabou de ser vivido, em que todo o devir está à deriva e oculto de si mesmo. Em outras palavras: necessitamos de um telescópio mais potente, o da consciência utópica afiada, para atravessar justamente a proximidade mais imediata, assim como para atravessar o imediatismo mais imediato". [60]

Esta travessia é visível em seu percurso. Ali, nas salas centenárias

---

[60] BLOCH, Ernst. *O Princípio Esperança*. Editora Contraponto, Rio de Janeiro, 2005, p. 23.

IMAGINAR O AMANHÃ

do prédio principal do Hospital São Pedro, o tempo e a urgência da técnica entram quando os protocolos de tratamento insistem em não escutar o que estes ditos "alienados" podem testemunhar de suas catástrofes. Tecnologias que conhecemos tão bem e que foram das naus dos loucos aos corpos na fogueira, das correntes ao isolamento carcerário, das cirurgias cerebrais aos eletrochoques, da lógica de higienização social, confinando milhares em asilos sem esperança, à química medicamentosa, surda à fala dos pacientes. Contudo, hoje vivemos outros tempos. Já avançamos muito neste campo com a política da reforma psiquiátrica, mas ainda não o suficiente, ainda mais depois do desmonte destas politicas desde que Bolsonaro assumiu o poder. Obras como de Luiz Guides explodem o ufanismo de uma tecnização que entra nos espaços do outro, arrombando a porta. Como lembrava Adorno, é preciso entrar em silêncio. Como escreve o filósofo em *Minima Moralia*, a tecnização retirou dos gestos toda hesitação, toda circunspecção e todo refinamento. "Ela submete os gestos às exigências intransigentes e, por assim dizer, privadas de história...É assim que desaprendemos a fechar uma porta delicadamente e sem barulho.." [61]

Guides, como artista, não deixa as portas abertas, como se fosse suficiente esticar a cabeça e ver o que há dentro do seu mundo reconstruído. A função da arte é convocar nossos gestos de abrir com delicadeza as portas destas obras. Quem sabe podemos entender um pouco mais sobre os fios que imaginamos "fora", e que estão "dentro", e que mesmo imaginando "dentro", aparecem "fora". Nada melhor do que uma obra de arte para embaralhar estas margens[62].

Se como dizia Walter Benjamin é preciso instrução para poder se perder em uma cidade, certamente os mapas pictóricos de Luiz Guides podem nos guiar nesta promessa de encontrar lugares até então desconhecidos. (ES)

---

61 ADORNO, Theodor. *Minima Moralia – réflexions sur la vie mutilée*. Payot, Paris, 1983, p. 37.
62 Neste ponto gostaria de remeter o leitor ao livro *Imagens do fora – um arquivo da loucura*, organizado por Tania Galli Fonseca, Claudia Caimi, Luis Artur Costa e Edson Luiz André de Sousa, Editora Sulina, Porto Alegre, 2018.

ABRÃO SLAVUTZKY • EDSON LUIZ ANDRÉ DE SOUSA

O poeta vive

O dia 4 de maio de 2020 não será esquecido, foi o dia da morte de Aldir Blanc. Conheci o poeta no "Pasquim", era médico, psiquiatra, criei com ele uma transferência imediata. Logo escutei as músicas cantadas por Elis Regina, fruto de suas parcerias com João Bosco. Dorival Caymmi foi certeiro ao dizer que Aldir era o "ourives do palavreado". Na sua letra "Querelas", em 1978 (plena ditadura militar), joga com a música "Aquarela do Brasil" e lembra que o Brazil não conhece o Brasil, o Brasil nunca foi ao Brazil. Mais de quarenta anos depois, aqui estamos surpresos, ao ver um Brasil que parecia coisa do passado.

O poeta morreu do coronavírus, após quinze dias internado, lutando diariamente para se recuperar. A semana começou triste para todos que amam a poesia, a cultura, a música. Aldir criou o hino contra a ditadura, "O Bêbado e a Equilibrista", com frases definitivas como o "Brasil que sonha com a volta do irmão do Henfil", ou "E um bêbado trajando luto me lembrou Carlitos" ou a "Esperança dança na corda bamba de sombrinha". Quantas metáforas, associações, com seu humor sarcástico criou imagens imortais. A poesia vive, o poeta vive nas suas palavras, que definem uma nação alegre, marcada por violência sem fim. Foi vivendo a tristeza que lembrei uma história sobre a poesia.

Gabriel García Márquez, em um brinde à poesia ao receber o Prêmio Nobel da Literatura, disse: "A única prova concreta da existência do homem: a poesia". Fiquei marcado por essa frase, que associei com o elogio aos poetas por chegarem antes do que as ciências para pensar a condição humana. Passei a ler mais poesia, prosa poética, empolgado com a musicalidade das palavras, seus cantos e encantos. Um exemplo da frase do Gabo são as letras de Aldir Blanc, com frases que chocam. Escreveu sobre a violência contra os meninos, mortos com mais de cem tiros entre cantos e chibatas. Associei aos escravizados que sofriam todo dia, em mais de três séculos da nossa História, e à noite cantavam e dançavam. Assim lutaram para sobreviver, a noite era das artes, um bálsamo contra a crueldade da Casa Grande.

Os contrastes abismais do país foram retratados por Aldir Blanc em mais de meio século de poesias e crônicas. Ele uniu os contrários: o ânimo do humor com o desânimo da dor, o lirismo e a grossura, o peso da agressividade e a leveza da bailarina. O poeta começou escrevendo a partir de sambas, acompanhado de uma bateria que inventou. Uma de suas letras imortalizadas por Elis Regina foi "Dois pra lá, Dois pra cá": "Sentindo frio em minh'alma/ Te convidei pra dançar/ A tua voz me acalmava/ São dois pra lá, dois pra cá".

Em conversas gravadas entre João Bosco e Aldir, este diz como os dois se integraram: "João trouxe a congada, a procissão de Ouro Preto, e eu vinha do bloco, da Escola Salgueiro do Rio de Janeiro. Foi essa integração que criou algo novo". João Bosco escreveu sobre a morte do amigo: "Perco o maior amigo, mas ganho, nesse mar de tristeza, uma razão para viver: quero cantar nossas canções até onde eu tiver forças. Uma pessoa só morre quando morre a testemunha. E eu estou aqui para fazer o espírito do Aldir viver. Eu e todos os brasileiros e as brasileiras tocados por seu gênio".

Aldir Blanc partiu em tempos virais: o C19 e o B17, ambos violentos e mortíferos. Recordar suas letras e músicas animam, emocionam, são graças entre as desgraças. Um país que festeja a poesia tem o direito e o dever de seguir sonhando com o amanhã. É preciso cantar e dançar "O Mestre-sala dos Mares", que conclui assim: "Não esquecemos jamais/ Salve o navegante negro/Que tem por monumento as pedras pisadas do cais". Aldir Blanc não será esquecido, nem sua rebeldia, seus cabelos brancos, sua careca, sua alegria tristonha. "Chora a nossa pátria, mãe gentil". Obrigado, poeta, a poesia vive. (AS)

ABRÃO SLAVUTZKY • EDSON LUIZ ANDRÉ DE SOUSA

O coração do mundo

O coração do mundo é a beleza, o canto, a poesia, o espanto. Diferentes caminhos podem levar a esse coração, como o brincar, o erotismo, o humor. O coração do mundo para Nietzsche são as artes, em especial a música, que encanta a alma. As músicas são formadas por sons, anteriores à vida dos homens na Terra. Há os sons da natureza, como o vento, as dunas, as rochas e a chuva. Os pássaros cantam e há os sons emitidos pelos animais. Já na própria comunicação humana há musicalidade no jeito de falar.

O coração do mundo é um estado de plenitude, como revela a história de um casal. Os namorados viviam distantes, se enviavam longas cartas, fitas gravadas com músicas e poesias de paixão. Um dia, o jovem me contou que recebeu uma fita em que a namorada gravou seu banho de banheira. Os ruídos da água e ela entrando na banheira, junto com o som alegre de sua voz, marcaram sua memória. Falando desde dentro da banheira, a namorada tinha a voz modificada, com um som quente, meio abafado. Contou que a imaginava nua na banheira, falando com certo sorriso malicioso. Há aqui algo de arcaico, de um imaginário, pois cada um de nós nasce em meio líquido. Falou ainda da excitação que viveu ao escutar os sons do corpo da amada na água. Escutando a fita, e depois contando, ele se sentiu no coração do mundo.

As crianças, antes de começarem a falar, são marcadas pelos sons. Tudo começa nos ritmos do que falam as mães, tanto que foi criada a palavra manhez. É como a mãe se dirige ao bebê, através de frases sonoras, curtas e com alongamento das vogais. Os sons e a música configuram a sensibilidade do substrato arcaico da cultura desde o nascimento. Há numa canção notas que emocionam, acertam na mosca. As palavras têm os seus limites, e um analista deve escutar, além das palavras, a música da voz do analisando.

Concluo com uma história musical. Um jovem sempre dizia que estava mais ou menos. O trabalho ia mais ou menos, assim como seu casamento, como tudo em sua vida. Gostava de música, era baterista, mas era mais ou menos. Um paciente mais ou menos, fazendo um tratamento mais ou menos, com um analista mais ou menos. Falava pouco, mais menos que mais, e um dia, já não sabendo o que dizer, perguntei-lhe se não brincava quando criança. Aí contou da sua alegria com um carrinho, explicando como se divertia. Seu esforço era para andar no carrinho desviando das colunas do edifício. As emoções que sentia eram de evitar os obstáculos, e assim se sentia vitorioso. Perguntei-lhe, então, por que quando criança inventava e não podia fazê-lo agora. Foi um silêncio, mas algo havíamos tocado. Um dia me contou, temeroso, que comprara a melhor caixa para bateria à venda na cidade. Ficou a me olhar para saber qual seria minha reação. Disse a ele: "Compraste a melhor caixa, não foi uma caixa mais ou menos. Parabéns, pois agora desejas o melhor para ti, chega de mais ou menos". Rimos, ele aliviado com a decisão e eu porque via agora, finalmente, seu entusiasmo de viver. Algo de sua potência infantil de se divertir e superar obstáculos chegara aos dias de hoje.

A música revela o espetáculo da existência, ela permite a transcendência; é a leveza que permite levitar. A música é talvez a mais enigmática das artes, capaz de aliviar as dores da humanidade ferida. Eleva a vida dos profundos poços, diminuindo a mágoa e atenuando o desespero. E é no canto que a música e a linguagem se encontram e as palavras e as notas musicais formam um par dançante. Esse par teve aqui seu apogeu quando bradou no asfalto a história que a história não conta do nosso Brasil. Contou e cantou sobre o país que não está no retrato, nem nas manchetes, e animou no carnaval um povo abalado. Só a música para fazer justiça aos índios, negros e pobres. Estava certo Nietzsche ao escrever que a música nos leva ao coração do mundo. (AS)

ABRÃO SLAVUTZKY • EDSON LUIZ ANDRÉ DE SOUSA

O poder da astúcia

Ulisses é o herói da astúcia, foi quem inventou o cavalo de Troia, e assim os gregos venceram a guerra. Já no canto XII da *Odisseia* ocorre o episódio das sereias, em que Ulisses satisfaz o desejo de escutá-las, mas por estar amarrado ao mastro do navio, não foi ao encontro da morte. Sua história é uma viagem perigosa, é a passagem da natureza à cultura, do desejo ao domínio das pulsões, do medo à capacidade de dominá-lo, é uma conquista difícil.

Astúcia é a busca de satisfazer o desejo, com cuidado, e não renunciar ao desejo. Como fez Sherazade, uma mulher astuta. Ela contava histórias, e a cada noite a história seduzia o rei, que desejava saber como seguia. Logo, não matava a esposa, e terminou sendo curado. Foram centenas de histórias que deram origem ao livro *Mil e uma noites*. E tem a injustiçada Eva da Bíblia, mulher que optou pelo conhecimento ao comer o fruto da árvore proibida, e assim nos fez humanos através do erotismo.

A palavra astúcia vem do latim "astutia" e expressa a manha, o engano, o ardil, a sagacidade, a inteligência prática. Astúcia é preciso para vencer a arrogância, a indolência, a desesperança, para suportar as desgraças e assim desfrutar das graças.

Astúcia requer paciência, humildade, aprendizagem, o país tem a astúcia da capoeira, criada pelos negro, que juntaram dança, música e luta em rodas fraternas. É preciso astúcia na construção de laços amorosos consigo mesmo e com os demais. Laços que diminuam a necessidade de castigo, como fez José, que interpretou os sonhos do Faraó do Egito e assim transformou-se de preso em ministro.

Os que amam o conhecimento precisam da astúcia para inventar, criar o novo. Que difícil, por exemplo, é escrever, pois as palavras escapam, têm muitos sentidos e nunca se sabe com certeza quais escolher. Aí são os leitores que orientam os viciados na escrita, pois não existe escritor solitário, aliás quem escreve é o seu primeiro leitor. Nos esportes, nas competições, no trabalho, na arte de amar, se requer astúcia para se saber fraco, como o fez Ulisses no episódio das sereias, e Mandela nos seus 27 anos de prisão. Ambos conseguiram, diante de forças poderosas, encontrar os meios para sobreviver, a paciência diante dos fracassos.

Entretanto, não se pode esquecer que astúcia não é só virtude positiva, pois pode estar a serviço da crueldade, como é o caso dos bandidos. Os bandidos fora da lei e, mais ainda, os bandidos protegidos pela lei, como se vê cada vez mais. Também na guerra a astúcia é essencial, e aí pode vencer a turma do mal, como foi o caso dos impérios, ou a guerra da informação, onde as mentiras tendem a se impor diante das verdades. Astúcia política, às vezes, envolve qualidades canalhas, onde matar para lucrar é a pior das corrupções. Forças desalmadas se vendem como honestas, mas se revelam cruéis, ao buscar ordem só para seu progresso. O país das forças desalmadas, com armas e sem armas, se aproxima hoje da velha Sicília, onde o crime não tinha castigo, porque a tradição histórica impedia a revelação da verdade.

Foi muito difícil desmontar o poder nazista, lembrem como o Brasil tardou em se unir aos aliados. Quanta luta para combater o fascismo, as ditaduras militares, mas hoje há um novo desafio: criar astúcias para diminuir o poder dos inimigos internos da democracia, como foi o caso do Trump e dos trompetes (os americanos se uniram e com muita luta mostraram o caminho). A sabedoria é a forma mais elevada de uma sociedade que requer tolerância, prudência, inovação e a busca da justiça que não pode sucumbir às pressões das armas. Indispensável é unir as forças nas odisseias da vida para manter o sentimento do mundo. Bravos são os amantes da poesia, da medicina, da frágil amizade que elevam o ânimo. Apesar da raiva dos dragões armados, apesar do cansaço, apesar dos pesares, a dignidade da luta gera a vivacidade pura. (AS)

ABRÃO SLAVUTZKY • EDSON LUIZ ANDRÉ DE SOUSA

Últimas palavras

O viciado em leitura olha excitado uma biblioteca, a casa onde os livros dormem. O livro fechado é um objeto morto, só vive quando aberto. O livro chama o leitor, uma atração como um ímã, uma sedução irresistível como o canto das sereias da *Odisseia*. Um dia, eu estava na cidade de Perugia, diante de uma pequena biblioteca de livros italianos. Um chamou minha atenção pelo título, abri, e aos poucos fui decifrando, pois o italiano não é grego, mas não é fácil. Passei horas com o pequeno volume vermelho, era uma edição simples, composta por mensagens de condenados à morte, os partisans da Resistência Italiana. Resistência construída durante a Segunda Guerra Mundial, em especial a partir de 1943. Ler as últimas palavras de jovens, escritas na noite que antecedia as execuções, foi angustiante.

Todo o dia lia mais algumas das mensagens tristonhas, eram despedidas da vida. A introdução do livro esclarecia que todos os condenados tinham sido mortos por pelotões de fuzilamento. Haviam lutado contra o fascismo e o nazismo, e nos bilhetes constavam as idades dos partisans, que eram em torno de vinte a vinte e cinco anos. Um ou outro tinha trinta e só um quarenta anos, era casado, escreveu primeiro à esposa, que conhecera na adolescência, e se despediu dela e depois de cada um dos seus filhos, bem como dos pais e de uma irmã. Lembro que ao terminar de ler e reler essa carta fechei o livro para respirar diante das lágrimas das palavras. Um livro, às vezes, requer uma leitura lenta, afinal lia as palavras essenciais na vida de quem já vai morrer, sua última mensagem. Frases que expressavam gratidão aos seus, e o encorajamento para os seus amores seguirem a vida.

Os condenados entraram na Resistência sabendo da possibilidade da morte, e escreveram que morriam com o sentimento de terem lutado no lado certo da vida. Combateram o fascismo, a extrema direita, aliado histórico dos nazistas. Todos os dias dediquei algum tempo ao livrinho vermelho, era uma dor ler jovens sabendo que em horas mais estariam mortos, e um alívio estar vivo e no outro dia não enfren-

IMAGINAR O AMANHÃ

tar um pelotão de fuzilamento. Alguns comentaram que não iriam ter tempo de ter filhos, outros até de se casarem. O denominador comum nas cartas eram duas palavras: uma, a gratidão por serem italianos antifascistas, outra, o amor aos seus familiares. Todas as resistências às ditaduras envolvem desafios pessoais, opções existenciais.

Nas leituras das cartas se pode perceber, mais uma vez, como a morte e o amor, o amor e a morte, se encontram. Não por acaso, um versículo da Bíblia é um canto repetido do Cântico dos Cânticos: "O amor é forte como a morte" (8,6). No meio da crueldade o amor insiste, resiste, se mantém forte, é a vivacidade pura da vida. O escritor Macedonio Fernández, mestre de Jorge Luis Borges, escreveu que a morte vence a vida, mas o amor vence a morte. Depois da morte, o amor segue vivo na vida dos vivos, vivo e gerando efeitos amorosos. Com o tempo, os mortos passam a ser os visitantes noturnos através dos sonhos.

Um sonho pode se manifestar como pesadelo, mas sempre é melhor assim do que um pesadelo real como se vive hoje, aqui. Nossa história é marcada por regimes ditatoriais ditados por medíocres, dominado por Forças Desalmadas, que permitem intervalos democráticos. Para quem está triste, desanimado, e são muitos, vale a pena ler, ver filmes sobre a resistência, tanto ao nazismo e ao fascismo, como às ditaduras militares. E escutar a música *Bella Ciao*, hino da Resistência Italiana, que se transformou no hino mundial contra o autoritarismo. E imaginar o vento secando as lágrimas, e a beleza brilhar. (AS.)

VII – Humor e esperança

O humor desafia o desamparo

"O humor salva?" perguntou a jornalista para concluir uma entrevista. Disse que o humor não salva, mas alivia. Talvez nem sempre o humor alivie, mas fiquei aliviado na hora, e após anos encontrei uma nova resposta para a pergunta sobre se o humor salva, em uma tese de doutorado. Foi um estudo sobre o humor nos campos de concentração nazista, feito por Chaya Ostrower, na Universidade de Tel Aviv. Ela entrevistou 55 sobreviventes judeus do Holocausto sobre um tema impensável até então. Ninguém imaginou haver humor no maior dos infernos da História. Recordo uma das entrevistadas:

"Olha, sem humor teríamos todos cometido suicídio. Buscamos permanecer humanos e nos divertir em situações difíceis. Quando fui entrevistada pelo grupo do Spielberg, me perguntaram sobre a razão de eu ter sobrevivido; eles provavelmente esperavam que eu respondesse ter sido a sorte ou outras coisas, e eu disse que foram os risos e o humor. O que me ajudou foi não pensar em milagres, não tomar as coisas tão a sério, como se eu pensasse que esta era a proporção que deveria dar, e foi esta atitude que me ajudou. Porque era absurdo todo esse período, era inconcebível o que faziam com as pessoas". Portanto, se hoje me perguntassem se o humor salva, poderia afirmar que, às vezes, sim. Foram as palavras dessa sobrevivente que tiraram minhas últimas dúvidas sobre o valor de um livro sobre o humor. Em Buenos Aires, na formação psicanalítica, o tema do humor não foi sequer citado. Agora, tanto lá como aqui, o tema começa a despertar mais atenção.

O humor pode ser definido como a capacidade simbólica de suavizar as dores da alma, fazer sorrir um olho mesmo que do outro caia uma lágrima. Exemplo atual é o humorista Gregório Duvivier ao escrever no seu Twitter: "O casal moderno é composto por um juiz de voz fina que faz vista grossa pra corrupção do chefe e uma esposa chateada com as críticas". O humorista goza o antes poderoso juiz, e assim o expõe ao ridículo. Os humoristas aliviam o desamparo, eles encorajam, revelam a fragilidade dos poderosos. Já o desamparo está no centro da clínica psíquica, o desamparo é a palavra a se ter sempre em conta quando se trata da condição humana. O bebê nasce desamparado, é a criatura mais desamparada do reino animal, leva meses para sentar, um ano para caminhar e décadas para se independentizar dos pais. E também os pais, os velhos, e todos somos desamparados quando sofremos uma perda, adoecemos ou nos enfrentamos com a morte. O humor é a versão amorosa do severo Supereu, que o torna brincalhão e assim alivia o desamparo. Muitas vezes o bem humorado perde o sentido do humor, ninguém consegue ser bem humorado sempre. E isso nos torna humanos, com conflitos, desequilíbrios e alguma neurose.

Hoje, no Brasil, com o governo mais mal-humorado da história, convém lembrar as palavras do humorista Marcelo Adnet. Ele caricaturou os candidatos à Presidência do Brasil em 2018 e foi ameaçado de morte pela gozação que fez do então capitão da reserva: "O Bolsonaro fala muita besteira, fala muita coisa polêmica, fora da casinha, coisas absurdas, então fica mais fácil para construir um personagem que é tão caricato. Perto dos outros foi mais fácil porque ele tem uma caricatura forte".

O humor é rebelde, se opõe ao fanatismo e goza das paixões, em especial da paixão da ignorância. O humor é um fator de resiliência, desafia o desamparo e assim ampara. A vida com humor melhora o amor, auxilia na luta pela liberdade, e seus paradoxos estimulam a incerteza para pensar. Um desafio a todos nós é melhorar o sentido de humor, sempre se pode melhorar... ou piorar.

Um dos antídotos contra a mortificação é o humor, e não por nada Thomas Morus, autor de *Utopia*, criou esta prece: "Senhor, dai-me senso de humor, dai-me a graça de saber discernir uma brincadeira, para que eu usufrua alguma felicidade na vida e partilhe com os outros". Assim seja! (AS)

ABRÃO SLAVUTZKY • EDSON LUIZ ANDRÉ DE SOUSA

A dança da esperança

A palavra esperança é capaz de transpor a página e estimular a imaginação. Esperanças, ilusões, se desenvolvem tanto na vida privada como na vida pública. Um exemplo é o dos imigrantes que sonharam com novas terras para viver, e com sacrifícios viajaram animados com a mudança de ares, em busca de outro mundo. O mundo em geral é composto de mudanças, são movimentos no tempo e no espaço, mesmo em tempos mais lentos como os da pandemia. Se o mundo progride, a esperança dança alegremente, mas a vida oscila entre o entusiasmo e a apatia, a fé e o desânimo, a graça e a desgraça.

Quando milhões de pessoas atacam a cultura, desprezam a vida, é um choque, mas é porque a gente esquece do poder da crueldade. A crueldade é humana, e ela se revela pela falta de empatia, ao estimular a violência, a divisão das famílias e de um povo. O mundo é destrutivo e criativo, a vida é tecida de altos e baixos, por isso a esperança pode dançar ou não. Quando os tempos são de elogios à ignorância, de proteção ao estuprador e agressividade à vítima, são tempos torturantes.

Não faltam motivos para os tristonhos dizerem que a esperança não dança mais, são os que perderam o norte diante das trevas. Uma letra só separa as palavras amados de armados, a letra "r", "r" de raiva, a raiva dos armados a serviço não da pátria, mas da elite brasileira. Só dez grandes latifundiários são responsáveis, com lucros incalculáveis, pela devastação da Amazônia.

Entre as histórias sobre a esperança, lembro essa: Um velho, bem velhinho, estava plantando uma árvore quando um homem viu e disse: "Que bobagem você está fazendo. Essa é uma árvore que você não verá crescer, pois ela tardará muitos anos para crescer e você vai morrer antes". O velhinho, então, disse calmamente: "Quando nasci o mundo já tinha árvores e aproveitei-as, logo, hoje planto para os que vão nascer". Convém seguir plantando, dançando com a esperança, mesmo que seja noite, com a dignidade desse velho sábio.

As paixões movem o mundo, movem para o melhor, como são os caminhos da liberdade e da fraternidade, mas as paixões também movem para o pior. Quando ocorre o pior na sociedade, a esperança diminui, cai de cama, mas um dia se recupera e vai voltar ao baile da vida. Convém repetir o momento em que Sartre, já cego e próximo da morte, foi perguntado se ainda tinha esperança na humanidade. Disse: "Sim, mas a esperança precisa ser construída". A questão é como construir, criar caminhos para melhorar a vida, tanto a pessoal como a social. E o primeiro passo é a paciência, o que nunca é fácil, ao contrário, pois o imediatismo é um obstáculo a ser contornado.

Para construir a esperança também é necessário o conhecimento sobre a psique, pois não é fácil mudar. O ser humano tem uma tendência a repetir seus comportamentos, tem uma compulsão à repetição. Em nível social também não é fácil a mudança, pois os poderosos, que já experimentaram o poder quase absoluto, ambicionam lucrar mais e mais, e aí se transformam em inimigos da democracia. Já ocorreu em vários países, e hoje retornou no Brasil com fúria. Imaginar o amanhã é manter o entusiasmo na dança da esperança. Ninguém se cura de si próprio, mas estar próximos fortalece a luta. Dançar em tempos sombrios no meio do terror alivia e fortalece a dignidade. (AS)

ABRÃO SLAVUTZKY • EDSON LUIZ ANDRÉ DE SOUSA

O humor e seus múltiplos avessos

No filme "A pedra da paciência", do diretor e escritor afegão Atiq Rahimi, a vida revela sua face de horror ao vermos o imponderável da guerra, da crueldade, do sofrimento, do desespero. Contudo, no meio desse caos de um Afeganistão ferido, uma mulher resiste com as armas que tem: sua esperança, e o valor que dá a vida. Ela tem que se dividir entre o cuidado com duas filhas pequenas e o marido, em estado vegetativo, com um tiro no pescoço. É para ele que ela narra sua vida, suas dores, seus pequenos sonhos e segredos. Em determinado momento, sua casa é invadida por dois soldados e para se proteger de ser violentada, ela diz ser prostituta, o que desencoraja um dos soldados. Contudo, o outro volta no dia seguinte com dinheiro para pagar por sexo. Ele é muito jovem, e com uma gagueira significativa. A mulher vive a situação de violência em silêncio, contudo, ao narrar ao marido em coma o que está acontecendo, solta uma gargalhada ao lembrar de uma conversa com uma amiga. Contara a ela que o soldado tremia e que ejaculara muito rápido. A amiga disse: "devias dizer a ele para falar com a língua de baixo e fazer sexo com a de cima." Aquela gargalhada tinha um ar de triunfo. É o único momento de riso neste cenário de horror, e temos a sensação de que a cena de humor lhe restitui sua dignidade, sua força, e até mesmo sua esperança. O humor foi a sua arma. Esta cena sintoniza com o que escreve Viktor Frankl, psiquiatra que sobreviveu a Auschwitz: "O humor foi uma arma usada na luta contra o desespero".

Abrão Slavutzky, no seu livro *Humor é coisa séria*, nos apresenta, passo a passo, uma espécie de anatomia do humor, desdobrando inúmeras interfaces, algumas delas surpreendentes: do humor infantil ao humor no holocausto, do humor na literatura ao humor na vida cotidiana, do humor na clínica psicanalítica ao humor como principio ético do viver. A beleza deste livro, contudo, se deve ao fato de que esta rica pesquisa sobre o humor é narrada com a destreza de um exímio contador de histórias. Slavutzky investiga este tema há muitos anos, já publicou e organizou outros livros sobre humor, mas nesta obra em

IMAGINAR O AMANHÃ

particular consegue associar a reflexão teórica com uma série de histórias sobre sua vida, sua infância, suas netas, seu trabalho clínico, sua experiência como paciente e tantas outras situações. O humor se desvela, portanto, não só como um objeto empírico sobre o qual o estudioso se debruça, mas como pulsação da própria vida do autor. O que nos faz lembrar, por meio de seu estilo de escrever, algo que sempre foi muito importante para Sigmund Freud, ou seja, transformar a própria experiência de vida como fonte de reflexão e material de estudo. Graças a isto sabemos muito de Freud, lendo *A Interpretação dos Sonhos*, *A psicopatologia da vida quotidiana*, *A piada e sua relação com o inconsciente*, *Moisés e a religião monoteísta* e tantos outros.

Um dos fios centrais de sua argumentação é a ideia de que o humor revela nossa fragilidade, nossas incertezas, nosso desamparo, de tal forma que podemos rir do que vemos. Rimos, portanto, de uma imagem em queda e esse riso não deixa de ser uma espécie de perdão endereçado a si mesmo. Aí está a rebeldia do humor: ele nos mostra os avessos que nos constituem, nossas zonas de recalque que podem ser compartilhadas quando conseguimos dizer de forma sutil e disfarçada o que efetivamente nos move. Esta foi uma das chaves de leitura de Sigmund Freud para pensar o estatuto do inconsciente no aparelho psíquico. Freud dedicou, sobretudo, dois importantes textos a esta questão: "A piada e sua relação com o inconsciente", de 1905, e um pequeno artigo de 1927, "O humor". É nesse último texto que Slavutzky destaca a importância que Freud deu ao tema quando diz que o "humor é um dom precioso e raro".

O livro nos ajuda a percorrer grande parte de alguns clássicos da história do pensamento e da literatura que fizeram menção à função do humor. Isto indica a obstinação de pesquisa do autor, que foi beber em inúmeras fontes, trazendo ao leitor paisagens literárias que nos ajudam a entender o humor em sua dimensão psíquica, política, histórica e artística. Vemos que já em Cícero, há dois mil anos atrás, o humor é abordado efetivamente como uma coisa séria: "nenhum tipo de piada há, da qual não se extraiam matérias sérias e importantes", escreve Cícero em Arte Oratória. O humor se faz, portanto, presente na história como um mecanismo potente de reflexão, entendimento do mundo e principalmente de ação. Como escreve na abertura do seu livro, uma forma de ver o mundo e de se posicionar diante dos caminhos que a vida nos confronta. Portanto, não deixa de ser uma estratégia de luta. Neste sentido, o humor é necessariamente crítico, inconformado, provocador, inquieto. Também vemos no livro inúmeras definições de humor, não só do ponto de vista psicanalítico, mas também em suas reverberações na história das ideias, na filosofia, na política e na arte.

Uma das imagens emblemáticas que conduz algumas de suas reflexões é a de Charles Chaplin. Acompanhamos de forma comovente sua infância quando evoca a figura de Chaplin. Esse último, como um personagem crucial que o ajudou a sair de um período de silêncio, pois até os quatro anos não falava.

> Chaplin fazia sonhar, a felicidade era possível, uma esperança de superar os obstáculos. Nem quando o Vagabundo ia por uma estrada sem fim vinha a tristeza, pois logo entendi que voltaria a vê-lo. O amor pelo humor nasceu vendo o rei dos desamparados e, agora, ao escrever, revivo a visão daquele menino em cima da cadeira, com a cabeça sonhadora. Sonho com as cenas da infância, o sonho do cinema que aliviou um pesadelo infantil, e só num distante divã comecei a juntar as peças de um complexo quebra-cabeças. [63]

Através de Chaplin, o autor nos mostra a íntima relação entre humor e luto. Luto como trabalho psíquico que tenta dar conta daquilo que perdemos. Charles Chaplin, por exemplo, vai filmar *O garoto* dez dias depois de ter perdido seu filho recém-nascido. A arte surge como uma forma de sublimação e de curativo deste vazio. O humor pode ser pensado aí como uma potente compensação que o sujeito instaura em seu psiquismo, como forma de abrir novos espaços vida. Assim, parece ser muito precisa a afirmação de Francis Bacon quando lembra que "a imaginação foi dada ao sujeito para compensar o que ele não é, e um senso de humor para compensá-lo pelo que é".

Com este livro podemos também acompanhar uma parte da história do humor no Brasil, pois são inúmeras as referências a alguns autores e personagens clássicos do humor em nosso país. Slavutzky se detém,

---

63 SLAVUTZKY, Abrão. *Humor é coisa séria*. Arquipélago Editorial, Porto Alegre, 2014, p. 215.

IMAGINAR O AMANHÃ

entre outros, nos personagens Fradim (Henfil), Analista de Bagé (Luis Fernando Verissimo), e Amigo da Onça (Péricles). Comovente a reflexão que faz sobre o suicídio de Péricles, reproduzindo trechos de sua mensagem final, e evidenciando assim a face de tristeza que é um dos componentes do humor. Evoca em outro trecho Mark Twain ao dizer que a fonte secreta do humor não é a alegria, mas a tristeza. Contudo, trata-se de uma tristeza que é desarmada pelo humor, de uma tristeza diante da qual podemos rir. Poder rir de sua miséria como uma singela e poderosa libertação.

O humor produz muitos deslocamentos que permitem ao sujeito ver o mundo desde outra posição, abrindo, assim, outras possibilidades de vida. Portanto, o humor está muito próximo do ato de criação, como aquele que produz brechas no discurso, abre pausas no tempo, nos permite navegar por desvios onde outros sentidos podem surgir. Fundamentalmente, o humor se inscreve como um convite à surpresa, ao inesperado. Abrão Slavutzky se interroga sobre a função do humor na clínica psicanalítica. Se o ato analítico é fundamentalmente uma operação de abrir para o sujeito outras significações, seria possível pensar uma clínica sem a ferramenta do humor? Ao ler este livro ficamos convencidos que não. O humor se apresenta como um potente instrumento de interpretação. Rimos fundamentalmente daquilo que, em nós, é frágil, inconsistente, ridículo, contraditório, recalcado. O riso, portanto, nos faz entrar em contato com estas imagens desde uma posição que não seria de subserviência, de paralisia, de padecimento. Tais imagens surgem como algo que nos constitui, mas que ao rirmos de nossa condição podemos, imaginariamente, produzir uma posição outra. Encontramos na vida de Freud inúmeros relatos de seu apurado senso de humor. Um deles é a surpreendente saída que Freud encontrou no momento que precisou assinar um documento que dizia que a Gestapo tinha sempre lhe tratado muito bem. Freud precisava assinar esta declaração como moeda de troca para poder deixar Viena. É bem conhecida a sua sutil estratégia ao assinar o papel, quando pediu ao oficial nazista para agregar um outro elemento. Assim, com a concordância do soldado nazista, Freud agregou à carta: "fui tão bem tratado que recomendo a Gestapo para todos". Aqui, outro sentido se desvela, e o humor que advém dali é triunfante. Outra leitura se faz possível do texto que fora obrigado a assinar.

Abrão Slavutzky nos apresenta um livro que é, ao mesmo tempo, uma metapsicologia do humor, um tratado da história do humor no mundo das ideias, um fragmento de sua biografia com belos exemplos de superação e ampla indicação bibliográfica, com dezenas de outras referências que certamente serão úteis para todos aqueles que quiserem levar adiante uma reflexão sobre este tema. Como não poderia deixar de ser, ele escreve um livro que se propõe a ser, simultaneamente, denso, analítico, mas também, e, sobretudo, bem humorado. Há passagens memoráveis, experiências de vida comoventes.

Este é um livro que deixa muitas perguntas para o leitor. Como uma espécie de espelho, vamos tendo a chance durante a leitura de pensar quais seriam as histórias de humor que conseguimos produzir na vida e que estariam a nossa disposição para compartilhar com nossos amigos. São nestas histórias que a vida se revela bem mais plural do que imaginávamos, pois revela nossas fragilidades, nossos versos e reversos, nossos avessos. O humor nos aproxima da verdade que nos constitui, mas por caminhos inusitados, surpreendentes e, contrariamente ao que muitos pensam, assume um olhar de responsabilidade para com a vida. Chegar mais perto desta verdade implica, é claro, alguns riscos. Como ele nos lembra, "a dignidade conferida pelo humor é a coragem diante de riscos, e gozar tanto de si mesmo como das pretensões vaidosas. Enfim, é perceber o caráter cômico da trágica condição humana". (ES)

VIII – Amores, paixões, (in)sertões

O insertão

Para Raimundo

A minha pátria é a minha memória
GUIMARÃES ROSA

Sertão - Insertão: Incerto

Quando escrevi a primeira versão deste texto, meu pai ainda vivia. Hoje ele está presente em minha memória como uma parte viva do meu corpo. Assim, através dele, me conecto com a aridez e a força do sertão, de onde ele veio. Lutar por um lugar é lutar pela conservação de sua memória. No Brasil tudo tende a se apagar muito rapidamente. A pandemia do coronavirus escancarou a histórica desigualdade social que pulsa neste país. Terra de incertezas, mas também da força da revolta, que é o titulo do poema de Guimarães Rosa de onde retirei o verso que abre este texto.

Grande é a dúvida. Hesitação do ser, do ser tão certo, do incerto, do grande incerto, do Insertão. É com esta ambiguidade que penetramos no universo da linguagem de Guimarães Rosa, uma vereda de textos e imagens. A pausa do sertão, do insertão, marcada pelos dois pontos no título do romance: respiração, recuperação do fôlego antes da travessia. Este percurso é uma prova de coragem, de persistência e, sobretudo, de princípios, para todos que querem saber um pouco mais sobre suas veredas/verdades. Rosa segue aqui o princípio de Maurice Blanchot e sacode a poeira das palavras, abrindo, no oco das letras, outras significações. De dentro deste oco: luz e escuridão.

ABRÃO SLAVUTZKY • EDSON LUIZ ANDRÉ DE SOUSA

Vida é sorte perigosa
passada na obrigação
Toda noite é rio-abaixo
Todo dia é escuridão

O incerto do sertão busca seus contornos. Sempre uma geografia trêmula, um litoral de marés imensas, e nunca se sabe onde termina o mar e começa a terra. Vamos tateando o território da linguagem para tentar cercar um contorno possível. Rosa nos abre um rasgo em nossas superfícies contínuas. Joga o leitor no estrangeiro tão próximo, no desconhecido ao lado da cama, no exílio do infantil que habita nosso fundo de quintal. Como bom geógrafo, desenha um mapa móvel que acolhe nossa sede de mundos. A vida também lhe reservou a desafiadora função de exercer, em 1962, a chefia do Serviço de Demarcação de Fronteiras. Ele participou ativamente em dois importantes casos diplomáticos, como o Pico da Neblina (1965) e das Sete Quedas (1966).

O que é o sertão? Como um canto gregoriano, o romance vai entoar em forma de quase-refrão inúmeros conceitos, associações, definições, proposições sobre o sertão. O sertão é uma espécie de rima de fundo, a dobradiça do texto, e nos deixa a sensação no final do romance que pouco sabemos do que se trata. A travessia continua ao infinito. A última palavra do *Grande sertão: veredas* é "travessia", seguido pelo desenho do infinito. Infinito que de alguma forma também está no inicio do romance, já que "Nonada", a primeira palavra do romance, também é uma forma de infinito, pois indica a radical incógnita de uma origem. Encontramos no fio da narrativa inúmeras tentativas de definição:

"Sertão é onde o pensamento da gente se forma mais forte do que o poder do lugar"
"Sertão é do tamanho do mundo"
"Sertão é o sozinho"
"Sertão: é dentro da gente"
"Sertão é sem lugar"
"A gente tem de sair do sertão! Mas só se sai do sertão é tomando conta dele a dentro..."
"O senhor vê aonde é o sertão? Beira dele, meio dele?... Tudo sai é mesmo de escuros buracos, tirante o que vem do Céu. Eu sei."

"No centro do Sertão, o que é doideira às vezes pode ser a razão mais certa e de mais juízo"
"O Sertão se sabe só por alto"
"O sertão não tem janelas nem portas. E a regra é assim: ou o senhor bendito governa o sertão, ou o sertão maldito vos governa."

Este insertão abre o espaço da ambiguidade, de vacilação e vertigem do sentido, instaurando um dos eixos fundamentais da articulação entre arte e psicanálise: o ato criativo como ato interpretativo. Interpretação como o corte que abre um furo no sentido, convocando o sujeito a produzir novas tentativas de nomear o real. Como lembra Lacan no Seminário RSI, "No fim das contas, não há outra definição do significante diferente da de furo. O significante faz furo".[64]

Meu sertão

Se o Sertão está em toda parte, cada um teu seu sertão. Onde encontrá-lo? Sertão, portanto, evoca um lugar de origem, origem como passagem, como ponto de ficção sempre em movimento. Sertão reconstruído em cada nova palavra e aberto sempre a uma nova configuração. Aqui encontramos um pouco de nossa esperança de ser, de de-ser, descer até estas terras imprevisíveis que nos constituíram e que sabemos tão pouco. Freud irá nomear um destes sertões de inconsciente.

Meu pai nasceu no sertão cearense, em uma pequena cidade chamada Limoeiro do Norte. Com 19 anos fui sozinho, de ônibus, pela primeira vez, ao Ceará. Tive a sorte de passar um dia inteiro com meu avô. Era a primeira vez que o via. Ele estava com mais de 90 anos e quase cego. Tivemos longas horas de conversas e muitas histórias. Ele morava em uma pequena casa, com duas peças de chão batido, e dormia em uma rede pendurada no meio da sala/quarto. Embora sua origem humilde e de muitas dificuldades, nada indicava em sua fala ressentimentos em relação a sua vida. Emocionado com a chance deste encontro único, tive a ideia de gravar nossa conversa e assim mapear um pouco do meu sertão. Gravei três fitas K7, de uma hora cada. Despedi-me de meu avô, voltei a Fortaleza, e um pouco antes de pegar o ônibus que me traria de volta a Porto Alegre resolvi conferir a gravação. Nada tinha sido gravado! Perda irreparável! Tentava me lembrar de tudo que

---

64 LACAN, Jacques. *RSI, Seminário de 1974-75*, aula de 15 de abril de 1975.

conversamos e que não poderia ouvir mais na entonação de sua voz. O Sertão que conquistara se perdia diante de mim. Atônito, resolvi cancelar minha passagem e voltei a encontrar meu avô. O que tenho hoje é o registro gravado desta segunda conversa.

Guimarães Rosa insiste muito nesta rasura, neste movimento que se forma e se apaga: a vida, o esquecimento. Uma história que se conta é sempre, em certa medida, uma história perdida. É por isto que contamos tantas vezes a "mesma" história: estamos justamente em busca deste primeiro encontro mítico necessariamente perdido. Aqui, a vereda da psicanálise se abre. O divã-sertão também é um convite a este mergulho no que não é, no que não se sabe. Nada mais preciso, neste ponto, que a reflexão de Lacan no Seminário sobre Ética da Psicanálise onde diz:

> "Esse objeto estará ali quando todas as condições estiverem cumpridas, no fim das contas – evidentemente, é claro que o que se trata de encontrar não pode ser reencontrado. É da natureza do objeto estar perdido. Jamais será reencontrado".[65]

Escritura e repetição

A escrita é uma espécie de "eixo, meu aço". Algo que encontro e que no momento de registrar o achado percebo que me escapa. Embora Waly Salomão insista que escrever é se vingar da perda [66], a escrita, finalmente, nada mais é que pura perda. Perda, contudo essencial, pois nos deixa nas mãos muitos restos. Em uma entrevista a Günter Lorenz, em janeiro de 1965, Guimarães Rosa falou sobre o significado de escrever.

> "Quando escrevo, repito o que já vivi antes.
> E para estas duas vidas, um léxico só não é suficiente.
> Em outras palavras, gostaria de ser um crocodilo
> vivendo no rio São Francisco. Gostaria de ser
> um crocodilo porque amo os grandes rios,
> pois são profundos como a alma de um homem.

---

65 LACAN, Jacques. *L'Ethique de la psychanalyse*. Seuil, Paris, 1986, p.65.
66 SALOMÃO, Waly. *Algaravias*. Editora 34, São Paulo, p. 29.

Na superfície são muito vivazes e claros,
mas nas profundezas são tranquilos e escuros
como o sofrimento dos homens."

Este sofrimento vai se tecendo em todo o romance, sobretudo nas falas de Riobaldo, dando forma a alguns dilemas da condição humana, tais como: como delimitar a fronteira entre o bem e o mal; a existência ou não do demônio; os impasses do amor e do sexual no conflito que vive na relação com Diadorim; qual a lei que deve-se seguir no sertão; qual o sentido da existência humana.

Guimarães Rosa trabalhava como um grande laboratorista. Ia recolhendo seus experimentos de vida em muitos cadernos e que depois alimentavam seus textos. Segundo depoimento do vaqueiro Manuelzão, que inspirou Rosa a escrever "Uma estória de amor"[67] durante os dias que passou no sertão, em uma travessia conduzindo uma boiada, ele pedia notícia de tudo e anotava sem parar: *"ele perguntava mais que padre"* –, tendo consumido *"mais de 50 cadernos de espiral, daqueles grandes"*, com anotações sobre a flora, a fauna e a gente sertaneja, usos, costumes, crenças, linguagem, superstições, versos, anedotas, canções, casos, estórias...

O fluxo, o ritmo, o batimento cardíaco do *Grande Sertão* é surpreendente. Arrebata-nos de forma tal, que somos fisgados por um idioma simultaneamente tão familiar e tão estrangeiro. São muitos os depoimentos que temos do quanto Guimarães Rosa mergulhou nesta aventura. Em uma carta a seu amigo, o embaixador Antonio Silveira, revela o seguinte: "Eu passei dois anos num túnel, um subterrâneo, só escrevendo, só escrevendo eternamente. Foi uma experiência transpsíquica, eu me sentia um espírito sem corpo, desencarnado - só lucidez e angústia". Rosa apostava que a renovação da língua é um trabalho de renovação do mundo.

Esta escrita redemoinho é plástica, e imagino os desenhos que podem ser retirados dali como achados poéticos. Frases/visuais, metáforas/rios, sons/horizontes:

Vejamos, por exemplo:

---

[67] Esse conto foi incluído no volume intitulado *Manuelzão e Miguilim*, Editora Nova Fronteira, Rio de Janeiro, 1984.

"A gente vive repetido, o repetido, e, escorregável, num mim minuto..."

O *mim* dentro do minuto, brevíssimo, entra e sai da palavra, deixa só o rastro do ser, passagem meteórica no ritmo do ponteiro rápido, imagem do *mim luto*, o que se perde, o que cai a todo o momento.

Ou então:

"Nesse mesmo ido dia, a gente começou"
Aqui temos o dia em espelho. Dia que anuncia o começo, um começo que sempre se perde, que já aconteceu.

Nomes
Grande Sertão é uma espécie de busca do nome próprio. É por isto que é central no romance os movimentos em torno do nome de Reinaldo (Diadorim), revelado em segredo a Riobaldo. Só quando morre Diadorim que fica sabendo tratar-se de Maria Deodorina da Fé Bettancourt Marins.

Em cada nome, uma espécie de lance de xadrez a desafiar o leitor a deduzir a intenção do autor. "Primeiramente, repugna-me qualquer trabalho material só posso agir satisfeito no terreno das teorias, dos textos, do raciocínio puro, dos subjetivismos. Sou um jogador de xadrez nunca pude, por exemplo, com o bilhar ou com o futebol."

Ao discorrer sobre os nomes do demônio, percebemos o esforço da linguagem de circunscrever o irrepresentável, o inarrável, o terrível, o sem nome. Katrin Rosenfield no seu livro sobre *Grande sertão: veredas*, *Os descaminhos do Demo*, nos chama atenção o quanto Rosa interpela uma certa tradição do pensamento racional que desconsidera "as coisas que carecem de nome, de definição e de conceito".[68] Riobaldo vai, contudo, se interessar por estas coisas sem nome, imprecisas, capturadas no incerto, no insertão:

"Riobaldo, ao contrário, faz o luto da clareza unívoca dos conceitos e aprende a admitir a noite dentro do dia, o

---

68 ROSENFIELD, Katrin, *Os descaminhos do Demo – tradição e ruptura em Grande sertão: veredas*. Imago, Rio de Janeiro, 1993, p. 112.

> preto no branco, a velhice na juventude.... A experiência das reversões imperceptíveis e constantes dos contrários faz assim da "travessia" uma passagem radicalmente interminável, cujo sentido se encontra na articulação dos contrários e na oscilação elástica entre espaços, conceitos e princípios opostos." [69]

É neste zig-zag de espaços, de tempos, de sonhos, de pensamentos, que vamos conhecendo um a um os personagens da história. Diadorim, como enigma, nos surpreende. Nome-tensão, nome-vertigem, nome-conceito, como se pudéssemos encontrar a senha mesma da história.

Vejam bem. *Diá* – eufemismo de diabo. Semanticamente oposto à relação com *Dea*, sema (traço semântico mínimo) onde está contida a noção de divindade. Depois *Dor*, que marca toda a travessia, e finaliza com *Im*, como prefixo é negação, mas como sufixo é neutro, sem marcação de gênero.

Escrever é, portanto, também dissolver-se. Abrir-se para outras possibilidades de ser. Guimarães Rosa sabia buscar esta ficção do si mesmo. "Às vezes, quase acredito que eu mesmo, João, seja um conto contado por mim", costumava dizer ele. Abrir este corte em nossos monocromos psíquicos e deixar surgir o outro que nos habita é o desafio da criação. Tania Rivera, no seu livro *Guimaraes Rosa e a psicanálise*, nos lembra que "é enquanto eu-outro que o poeta, ou o artista, interessa à arte, e não enquanto "eu mesmo". É apenas ao se duplicar, ao ser tomado numa descontinuidade em relação a si mesmo, que o poeta exerce propriamente o seu mister." [70]

Diadorim encarna este outro, esta imprecisão entre a amizade, a admiração, a paixão, o ciúme. Mar de sensações interrogando de forma radical o desejo de Riobaldo. Diadorim é a pergunta que o coloca diante de um olhar que desconhece, mas do qual não pode fugir. "Diadorim é a minha neblina"

Portanto, Diadorim pode ser pensado como um outro que nos habita e mesmo Riobaldo confirma: "Diadorim era um sentimento meu".

Diabo

O diabo é o impreciso, a desproporção, a dúvida, a névoa, o fora de

---

69 ROSENFIELD, Kathrin. op. cit. p. 112.
70 RIVERA, Tania. *Guimarães Rosa e a psicanálise – ensaios sobre imagem e escrita*. Jorge Zahar Editor, Rio de Janeiro, 2005, p. 23.

foco, o fundo. Riobaldo em todo o texto discorre sobre a presença ou ausência do *demo*. Aliás, a epígrafe já nos joga a figura na cara: "O diabo na rua, no meio do redemoinho".

Tem dúvidas se fez ou não um pacto com o diabo nas *veredas mortas*. Fraco e doente e querendo forças para enfrentar Hermógenes, vende a alma em troca de força e fúria. O diabo não aparece, mas o pacto parece que funciona. Recupera forças e se vê pleno de novas energias. Mas se não efetivou o pacto, como parece apontar na narrativa, seus atos violentos não podem mais ser atribuídos à força demoníaca. Diz ele: "As forças turvas nascem na própria alma do indivíduo".

"Explico ao senhor: o diabo vige dentro do homem, os crespos do homem – ou é o homem arruinado, ou o homem dos avessos. Solto, por si, é que não tem diabo nenhum..."

O diabo toca, portanto, em uma das imagens possíveis do sofrimento, dor, angústia e desejo. Ali onde o sujeito tropeça e se fere. Contudo, trata-se de uma ferida que o ajuda a encontrar um sul. Sobretudo se continua a caminhar. Vejamos em *Grande sertão: veredas*:

> "Que o que gasta, vai gastando o diabo de dentro da gente, aos pouquinhos, é o razoável sofrer... E a alegria de amor – compadre meu Quelemém diz. Família. Deveras? É, e não é. O senhor ache e não ache. Tudo é e não é ..."
> O diabo pode ser pensado como uma forma de urgência, da precipitação, já que, segundo Riobaldo, "Deus é paciência. O contrário é o diabo!"

A multiplicidade de nomes já é suficiente para cercar a turbulência e perturbação desta imagem. Diz Riobaldo: "o Arrenegado, o Cão, o Cramulhão, o Indivíduo, o Galhardo, o Pé-de-Pato, o Sujo, o Homem, o Tisnado, o Coxo, o Temba, o Azarape, o Coisa-Ruim, o Mafarro, o Pé-Preto, o Canho, o Duba-dubá, o Rapaz, o Tristonho, o Não-sei-que-diga, O-que-nunca-se-ri, o Sem-Gracejos ..."

Morte

Morrer é outra travessia que temos no horizonte. Guimarães Rosa viveu de forma muito particular esta travessia.

Três dias antes da morte o autor decidiu, depois de quatro anos de adiamento, assumir a cadeira na Academia Brasileira de Letras. Os quatro anos de adiamento eram reflexo do medo que sentia da emoção que o momento lhe causaria. Ainda que risse do pressentimento, afirmou no discurso de posse: "...*a gente morre é para provar que viveu.*"

O escritor faz seu discurso de posse na Academia Brasileira de Letras com a voz embargada. Parece pressentir que algo de mal lhe aconteceria. Com efeito, três dias após a posse, em 19 de novembro de 1967, ele morreria subitamente em seu apartamento em Copacabana, sozinho.

Antonio Callado pergunta-lhe sobre o porquê de tanto empenho em se eleger para a Academia, ao que Rosa responde:

"O enterro, meu querido, os funerais. Vocês, cariocas, são muito imprevidentes. A academia tem mausoléu e quando a gente morre cuida de tudo."

A seu amigo Geraldo França de Lima, que vai buscá-lo em casa, Rosa revela o temor de desmaiar na tribuna, de perder a voz, de chorar e, sobretudo, de o coração parar!

"– Parar, Rosétis (assim ele o chamava), que é isto? Você vai fazer bonito na tribuna. ....

" – A Academia é muito para mim. Sou tão pequeno como a cidade em que nasci - disse-me".

Assim, pode nos mostrar o quanto a criação sempre está muito próxima do infantil, exatamente como demonstrou Freud em seu "O poeta e o fantasiar". Este infantil é nosso horizonte, nossa origem, nossa cidade incerta, nosso insertão.....

Narração e transitoriedade

"O que é pra ser – são as palavras!"

Precisamos de tempo para viver, de tempo para narrar, de tempo para escrever, de tempo para ler, de tempo para ouvir. O *Grande sertão: veredas* é uma radical experiência de tempo, pois somos conduzidos a um tempo outro, onde a história ainda se faz, mesmo sendo contada depois. Aliás, é este o princípio mesmo da psicanálise. Ao narrar uma história para um outro, reconstruímos novamente um percurso. Resgatamos imagens, visitamos lugares, mudamos de posição diante de certos acontecimentos, nos descobrimos outros, perdemos palavras, encontramos sonhos, criamos outras ficções de origem. Diz Riobaldo "que a mocidade é tarefa para mais tarde se desmentir".

Aqui poderíamos talvez arriscar a hipótese de que a experiência analítica é, em certa medida, abrir uma espaço potencial para o literário de nossos *insertões*, verdadeiras utopias que funcionam como furos no futuro. (ES)

Três perguntas

O escritor Máximo Gorki escreveu que três perguntas acompanharam sua vida. As perguntas foram um firme apoio no seu caminho, que não foi fácil, nem suave. Salientou que um poderoso humanismo aprendeu nessas perguntas da sabedoria judaica. Aliás, boa parte dessa sabedoria se origina na capacidade de perguntar. As perguntas essenciais a Gorki foram feitas por Hilel, o sábio dos sábios, há uns dois mil anos. Cada um, em seu tempo e espaço, como fez Gorki, pode pensar e responder as três perguntas. Convivo com essas perguntas e mudei, com o tempo, a forma de respondê-las.

A primeira pergunta de Hilel é: "Se eu não for por mim, quem será por mim?". Tem a ver com o desafio que é para todo ser humano cuidar de si mesmo. Uma criança é cuidada, educada, mas ao crescer ela vai ter que se separar de sua família de origem e se amar o suficiente para cuidar de si mesmo. Nada fácil enfrentar o desafio diante do desamparo constitutivo do ser humano. Cada um desenvolve uma certa capacidade de ser seu próprio pai e sua própria mãe. São os que aprendem a cuidar bem de si, isto é, aprendem o amor à liberdade e constroem vidas criativas. Por outro lado, há destinos destrutivos do desamparo que levam as pessoas a mortificações, devido a uma baixa autoestima, sendo assim mais vulneráveis aos avatares da existência. Se alguém não aprende a potência da experiência, não desenvolve a capacidade de ser por si, gerando infelicidade a si e aos demais. Portanto, aprender a cuidar de si é o desafio para toda uma vida, e o aprendizado deve ser constante. E quem não consegue aprender, terá uma vida mais pesada, mais queixosa. Os destinos criativos desenvolvem a arte de viver, são os que renovam as energias com boas parcerias.

A segunda pergunta é essencial em tempos de uma cultura narcisista: "Se eu for apenas por mim, o que será de mim?". Outras culturas também lembram essa pergunta, como o provérbio zulu: "Uma pessoa é uma pessoa por meio de outras pessoas". Portanto, tristes os que tendem a se isolar socialmente, ou a ser indiferentes à sorte dos demais.

Cuidar de si e cuidar dos demais expressa o quanto a condição humana é social. As relações familiares, as amizades e a interação com a comunidade mais ampla podem brindar o entusiasmo de viver. Pensar além de si mesmo é pensar, por exemplo, que vivemos num país marcado pela desigualdade. Aqui, ser negro, ser índio, ser pobre, é estar ameaçado de violências, como a que matou a menina Ágatha, no Rio de Janeiro. Ela sonhava ser bailarina, e quantos sonhos estão sendo mortos? Aliás, estudiosos bíblicos asseguram que Hilel esteve na origem do pensamento de Jesus Cristo na sua pregação do amor. E eles aprenderam com os profetas, como Amós e Isaías, a se preocuparem com os mais necessitados. Na verdade, sempre convém perguntar como anda o amor a si próprio e o amor aos demais. A segunda pergunta de Hilel envolve os outros, logo também a injustiça social.

Finalmente, a terceira pergunta é sobre o tempo, quando passar à prática uma ideia, um desejo, um sonho: "E se não agora, quando?". Eis a pergunta que deve ser feita, pois envolve pensar o futuro. Quando a humanidade vai se unir para defender a mãe Terra? No meio de tantas dificuldades e desânimos, convém lembrar a voz dos poetas. Um exemplo é o poema "Mãos Dadas", de Carlos Drummond de Andrade: "O presente é tão grande, não nos afastemos/ Não nos afastemos muito, vamos de mãos dadas". Pergunto, então, para cada um de nós: Se não for agora que dizemos NÃO aqui e nas ruas aos ataques às pessoas, à natureza e à educação, quando será? Alguns dizem que o melhor é não se meter em política, ainda mais sendo um psicanalista! "Se as palavras são prata, o silêncio é ouro" é uma frase da sabedoria popular. Entretanto, nunca se deve silenciar diante do racismo. (AS)

As três paixões

As paixões excitam, emocionam, entusiasmam. Paixão é o desejo posto em tensão, e esse desejo é inconsciente. Ou seja, o apaixonado não sabe por quem está cego de amor. Busca a unidade, busca se fusionar com sua paixão. Exemplos não faltam, seja a paixão amorosa, ou por uma droga. Na Grécia, o filósofo Platão definiu a paixão como uma enfermidade da alma, pois paixão deriva de pathos, passio, sofrimento, doença.

Hegel tem uma frase histórica: "Nada de importante se realiza na História sem paixão". A paixão é universal, e está nos artistas e cientistas. Todos já estivemos apaixonados pelos progenitores, algum professor, uma colega, enfim, a paixão constitui a condição humana. Essencial nas tragédias e dramas teatrais, no cinema, na filosofia e na psicanálise. A paixão pelo poder tem sido um dos motores essenciais das guerras e da História da humanidade.

Há paixões tanto em nível da vida privada, como na vida pública. A paixão numa pessoa é a busca desesperada pela unificação com a plenitude. Estar apaixonado é emocionante, que maravilha ver um casal apaixonado. Já uma pessoa dependente de droga, apaixonada por ela, é angustiante. Nas paixões de ódio, se vê seguidamente, como no amor, ocorrem crimes. Quando uma paixão termina e um dos dois não suporta o fim e mata o outro. São, em geral, os feminicídios, tema tão em voga, que deveria ser preocupação de todos. O machismo, mesmo em declínio, segue matando sem dó nem piedade.

Já em nível da vida pública, o mal pode ser projetado nos adversários para fora de si. Movidos então pela crueldade, atacam como podem os que definem como inimigos. Um exemplo recente são as ditaduras militares, que criaram a expressão inimigo interno, que devia ser o inimigo a ser destruído. Aliás, a expressão inimigo interno dá o que pensar, pois o inimigo dentro de si é expulso e localizado no outro. Todo o mal está nos outros, a lógica é nós contra eles, onde eles são os inimigos que devem ser mortos.

As paixões criativas estão nas artes, nas ciências que tantos dedicam à vida. Elas também buscam mudanças, como a luta contra o poder absoluto, a liberdade, o progresso, objetivos da razão iluminista. Essa razão inspirou Sigmund Freud a escrever em 1923: "O Eu (ego) representa o que chamamos de razão e a reflexão, enquanto o Isso (id), pelo contrário, é dominado pelas paixões". A palavra razão da frase acima é a novidade que trouxe o Iluminismo do século XVIII.

A paixão é uma centelha, uma força motora – *iI primo motore* – da atividade humana. Até aqui foram referidas duas paixões: as paixões derivadas do amor e as do ódio, as mais conhecidas. Entretanto há uma terceira paixão, a paixão da ignorância, segundo Jacques Lacan. Ele escreveu que se inspirou no budismo para estudar essa paixão. A ignorância expressa o desejo de não querer saber, isso ocorre através da repressão, da negação para não saber. Tudo para evitar as dores da verdade que está no estranho, no desconhecido, que se tornam alvo do ódio. Logo, o ódio e a ignorância são duas paixões que se associam. Como é impossível destruir totalmente o estranho, o novo, o homem busca dominá-lo, e um dos caminhos é o amor ao saber. Assim ocorre uma transformação pulsional do ódio ao amor ao saber. Entretanto, o outro caminho é o dos poderes autoritários, que sempre atacaram o conhecimento, como ocorreu, por exemplo, na Alemanha nazista. No dia 10 de maio de 1933 foram queimados milhares de livros nas praças públicas. Aí está um exemplo da paixão de ignorância.

Quando um governo ataca os professores, a universidade, a cultura popular, expressa sua paixão de ignorância. A paixão de ignorância é cruel, daí sua associação com a paixão do ódio. A paixão é a vela, e a razão o leme, logo, quando os ventos são tempestades, o leme, que é a razão, fica inativo. Aí o timoneiro pode perder-se e o barco ficar a deriva. A tripulação angustiada se assusta, pode ficar em pânico, mas ainda assim é preciso cantar: "Vento diga por favor aonde se escondeu o meu amor". Nosso amor, hoje, é o amor à frágil democracia. (AS)

IMAGINAR O AMANHÃ

O leitor de Tchekhov

Num canto do living estava o primo recostado, absorvido na leitura. A cena chamava mais atenção porque o boxeador brasileiro Éder Jofre lutava no exterior pela categoria peso galo. A luta estava sendo transmitida e todos escutavam o rádio, emocionados e confiantes. Lembro que era de noite e foi durante um veraneio na praia de Capão da Canoa. Fiquei intrigado sobre o que lia o primo como se estivesse em outro mundo. Curioso, busquei ver o título do livro, mas de longe já vi que a capa era vermelha com letras pretas. Finalmente, li o autor, era Anton Tchekhov, e o livro era de contos. O primo Mico lia um dos maiores escritores de contos de todos os tempos, e ele seria o futuro médico e escritor Moacyr Scliar. Muito tempo despois, escreveu que o russo, médico como ele, dizia que a medicina era sua esposa e a literatura sua amante.

Sou leitor de Tchekhov e Scliar, dois contistas, dois escritores, dois médicos. Ambos nasceram em famílias pobres, sendo que o russo vivia com sua família num porão. Ele entrou para a literatura escrevendo contos curtos e humorísticos que vendia, e assim podia ajudar a sustentar sua família. Escreveu sobre a situação cotidiana, sobre as pessoas comuns, revelando as injustiças, o sofrimento, de forma poética. Exemplo de como escrevia Tchekhov se pode perceber num conto que poderia ser o que o Scliar lia naquela noite. Seu título é "Angústia", e a cada leitura percebo que ele ajuda a diferenciar entre a mediocridade e a riqueza do ser humano. O escritor Leon Tolstói considerava esse conto um dos melhores do jovem Tchekhov. O subtítulo do conto é o versículo de um canto da Igreja Russa: "A quem confiar minha tristeza?". Essa frase sobre a tristeza poderia ser dita por Yona Potapov, personagem central do conto. Yona era um cocheiro e estava à tardinha junto com seu cavalo num dia em que nevava sem parar. Um e outro estavam embranquecidos pela neve, aguardando clientes para transportar. O primeiro a chegar foi um militar, que já chegou irritado e ordenando. O militar critica volta e meia o condutor, até que este diz: "Pois é, meu senhor, assim é... perdi um filho esta semana". O militar começa a perguntar, mas logo volta a gritar com o cocheiro, queixando-se de sua forma de conduzir. Aí fiquei surpreso de como os militares tendem a ser mal-humorados.

O cocheiro recebe outros passageiros, e nenhum dá a mínima atenção à dor de Yona Potapov. Interessante salientar na leitura a delicadeza da narrativa de Tchekhov, dos detalhes de tudo que vai ocorrendo. Abro aqui um parêntesis para um comentário sobre a memória, antes de transcrever o final do conto.

O conto de Tchekhov é uma crítica ao comportamento frio, indiferente, a um pai que deseja falar da morte de seu filho. Os passageiros russos expressam no conto o desdém por um simples cocheiro. E nós não devemos esquecer nossa frieza, muitas vezes, com os pobres, negros e índios. Essas três palavras estavam na bandeira da campeã Mangueira, no Carnaval de 2019. Logo, é uma questão da memória, pois, ao escrever duas histórias hoje, a do primo lendo o livro do Tchekhov e a do conto deste, trago o passado para o presente. Mato as saudades daquela noite na praia, onde descobri um escritor e o primo leitor.

Agora, finalmente, a sobremesa, que é o final do conto "Angústia", de Tchekhov. Um diálogo entre o cocheiro e o cavalo. O primeiro diz: "Assim é, irmão, minha eguinha... Não existe mais Kuzmá Iônitch... Foi-se para o outro mundo... Morreu assim, por nada... Agora, vamos dizer, você tem um potrinho, que é seu filho... E, de repente, vamos dizer, esse mesmo potrinho vai para o outro mundo... Dá pena, não é verdade?". O cavalinho vai mastigando, escuta e sopra na mão de seu amo... Yona anima-se e conta-lhe tudo...". (AS)

IMAGINAR O AMANHÃ

Os problemas do amor

Elsa Cayat, psicanalista, escritora, integrou a redação do Charlie Hebdo, semanário francês. Estava na reunião de quatro de janeiro de 2015 e foi morta com vários humoristas. Seu tema central, sobre o qual escreveu livros e era a base de sua coluna semanal, foi o amor. Pouco antes de morrer respondeu em um chat várias perguntas, como, por exemplo, se era possível basear sua vida no outro. Elsa respondeu que esse é todo o problema do amor. Não se trata de apoiar sua vida no outro, mas preservar sua vida para si, recentrar em si para poder abrir-se ao outro. Esse é o eixo central dos problemas do amor, um eixo do mito do amor. Um quer se apoiar no outro, quer descansar no outro, pois crê que o amor é a solução a tudo que falta e assim demanda do outro o amparo a sua fragilidade. Mas isso é falso, o outro não pode preencher nossas faltas. Em geral se pensa que o amor é a solução a tudo que falta, e então o outro vai nos curar. Mas isso é falso, o outro não pode nos preencher completamente e os problemas pessoais irão irromper. Para se resolver os problemas é preciso acertar-se consigo mesmo.

Elsa definiu o amor como um sentimento fluído, móvel, que muda em função de circunstâncias, e é mais agradável amar que não amar. O problema é quando se idealiza o amor e algumas pessoas sentem obrigação de amar. Isso mata o amor, o amor não é um dever. O amor não pode ser senão um desejo. É possível ser feliz no amor, em especial quando cada um tem sua vida própria. No amor importa saber que o outro é eleito por razões enraizadas na própria história. O outro fará ressurgir o passado, um passado esquecido, que se reativará na nova relação. Já os ciúmes são decorrentes da diminuição que se sente diante da idealização do outro e porque se diminui frente a pessoas do mesmo sexo.

Uma das perguntas foi sobre a velha afirmação de algumas mulheres, de que os homens sempre mentem. Cayat respondeu: "De onde vem essa visão dos homens? De onde essa decepção que provém de uma expectativa irrealizável. Irrealizável porque está deslocada, porque corresponde a alguém de sua família". Outra questão no chat foi

168

se era possível amar sem confiança. A psicanalista do Charlie disse: Se pode amar tendo uma confiança relativa. O outro existe, é um ser humano. Entretanto, é diferente da gente. A confiança que se precisa aprender é a confiança em si.

A existência de uma psicanalista no Charlie Hebdo revela, mais uma vez, a importância da psicanálise na vida cultural e social. Ou seja: o divã não está presente só no mundo privado, mas ele se faz presente no mundo público. E Elsa Cayat integrou à sua vida psicanalítica o humor. Ou seja: o humor revelou mais uma vez sua seriedade. Aliás, perguntaram ao Millôr Fernandes se o humor era sério e ele respondeu: "O humor é mais do que sério, ele ultrapassa a seriedade e chega a sua quintessência". Talvez a verdade esteja mesmo do lado do witzig, do espirituoso, e por isso o inconsciente ao chegar à consciência revela a forma espirituosa da verdade.

O fanatismo tem uma só verdade, a verdade total de tudo, logo odeia o humor. No dia sete de janeiro de 2015 atuou sua crueldade contra o Charlie para eliminá-lo. Poucos dias depois a França teve quatro milhões de pessoas nas ruas como expressão da ética solidária. Resistir à crueldade do mundo é uma forma de manter a graça do sorriso da esperança. (AS)

IMAGINAR O AMANHÃ

IX - A escuta da psicanálise – a dor é de pedra

Conversas que mudam a vida

Conversas que mudam a vida são inesquecíveis. Em geral, são frases das conversas que permanecem na memória, quando esquecidas seguem sendo essenciais. São conversas desarmadas, em que se vive o tempo com prazer, os assuntos não se esgotam. Cada um pode recordar alguma história marcante, que gerou uma metamorfose de um antes e um depois. Às vezes, frases comuns geram reações surpreendentes ao tocarem a alma de quem escuta e reverbera em quem falou.

O diálogo pode ser tanto com uma pessoa, como também com um livro. Quem abrir o livro autobiográfico *Viver para contar*, do escritor Gabriel García Márquez, poderá conhecer essa história. Gabo relata que na juventude teve uma broncopneumonia dupla por fumar quase cem cigarros diários. Esteve internado, quase morreu, mas seguiu fumando escondido no banheiro do hospital. Decidiu então que preferia morrer a parar de fumar. Uns bons anos depois, conversava com amigos numa janta em Barcelona, quando um psiquiatra comentou que o vício mais difícil de deixar é o do cigarro. O escritor colombiano perguntou por quê. E escutou: "Deixar o cigarro é como matar uma pessoa querida". Na hora, García Márquez decidiu esmagar o cigarro no cinzeiro e nunca mais fumou.

Esse encontro de amigos numa distante noite na capital da Catalunha mudou sua vida. O escritor nunca desejou saber por que deixou o cigarro nessa noite. Talvez tenha se sentido desafiado a matar o cigarro como seu acompanhante. Ele, sem saber, rompeu a relação narcisista infantil que o amparava ao acender cada cigarro. O infantil, às vezes, pode ser uma força de morte, mantendo o sujeito atado ao passado familiar de uma forma ou de outra. Assim, renunciar ao cigarro é vivido como uma morte, um desamparo diante à falta que faz o amigo/

170

inimigo. Aliás, é comum que sejam mantidas raízes infantis que mortificam, o poderoso masoquismo, e das quais é difícil se desprender. A frase do psiquiatra em Barcelona tocou a alma do autor de *Cem anos de solidão* de tal forma que ele matou sua dependência mortífera. O escritor, diante do desafio de matar, decidiu provar que era capaz de separar-se do cigarro sem morrer. Perdeu o cigarro como apoio, e assim enfrentou seu desamparo. A frase do psiquiatra teve tanto poder devido à transferência de García Márquez com o amigo. Importante foi que nunca mais fumou e pôde, assim, seguir escrevendo por muito tempo.

Quando era criança escutei a história de Ali Babá e os quarenta ladrões. Fiquei fascinado com a frase-chave: "Abre-te, sésamo". O poder mágico dessa frase de abrir uma montanha povoou meu imaginário. Lembro até de ter dito essas palavras mágicas diante de alguma porta ou até diante da rocha de alguma montanha. Apesar de fracassar nas tentativas que fiz de abrir as portas com o "Abre-te, sésamo", ficou na memória o essencial: as frases, as histórias, são poderosas e abrem portas na vida. Portanto, leituras e diálogos podem modificar o ponto de observação com o qual se vê o mundo. Uma conversa instigante alivia o peso com o qual a gente se vê condenado. São palavras que dão asas às imaginações, felizes os que aprendem a conversar, o que envolve a difícil arte de escutar. Montaigne, em seus *Ensaios*, escreveu que "conversar é uma arte, é o mais proveitoso e natural exercício de nosso espírito". Gostava das conversas em que havia contradições, e conclui que só os autoritários e fanáticos não suportam o contraditório, logo não sabem dialogar. Ah, se o Brasil aprendesse com Montaigne!

O primeiro romance de Cervantes, *Dom Quixote de La Mancha*, é construído por colóquios entre Dom Quixote e Sancho Pança. Falam sobre a justiça, o amor, a liberdade e a gratidão: "Entre os pecados maiores que os homens cometem, ainda que alguns digam que é a soberba, eu digo que é a falta de gratidão". Bem-aventurados os que sabem ser gratos. Em tempos de isolamento e solidão, brindemos aos nossos encontros que ajudam a viver e sonhar. (AS)

IMAGINAR O AMANHÃ

A dor é de pedra

Os olhos umedecidos do jornalista Mino Carta falaram por si sobre a morte de seu colega Paulo Henrique Amorim. Seu olhar, sua voz, revelou a dor de perder uma amizade de 52 anos. Disse, então, que a dor é de pedra. Sim, a dor da morte pesa como pedra, um peso mortificante. A cada morte temos uma cicatriz no coração. Ao envelhecer, o coração está ferido pelas cicatrizes dos mortos, o cemitério de cada um. As feridas podem se abrir de repente e voltam a sangrar. Dois meses antes, também em 2019, Mino havia perdido seu filho Gianni, de 55 anos. Ele era escritor, cientista político e repórter internacional. Acompanhou, como jornalista, a caravana do ex-presidente Lula ao Sul, quando o ônibus foi alvejado por tiros e pedras. Os pais terem que enterrar um filho é uma injustiça da vida, sem igual.

Todas as mortes e separações são doloridas. Uma parte da gente se vai ao morrer um amor com quem se teve uma história. Quem parte leva algo de quem fica, leva uma história compartida. Um pedaço de si que se vai com o morto, daí o erotismo do luto. Perder de vista, perder a convivência, gera uma dor lancinante. Se ocorre uma melancolia, o enlutado se transforma em guarda de cemitério, vive uma tristeza crônica. A sombra do morto cai sobre quem está vivo e pesa uma tonelada. Na melancolia se expressa à ambivalência do amor e do ódio pelo que se foi, pois o enlutado vive desconsolado o abandono. Já no luto é o mundo que empobrece, mas, ao passar o tempo, o enlutado recupera, lentamente, o gosto de viver. O luto se transforma em luta de vida. O luto, assim como o sonho, sofre uma transformação na sua alma. A dor do luto expressa o trabalho do luto, porque dá muito trabalho uma perda amorosa. Lágrimas, recordações, desesperos, sobressaltos no meio da noite.

Todo amor marcante deixa saudades ao ir-se, e a saudade é preciso matar para que não nos mate. Um dia perguntei ao escritor e psicanalista Cyro Martins: "Por que escreves tanto dos amigos mortos?" Disse: "Lembro de um a um, ao escrever mato as saudades". Quando soube da recidiva de seu câncer, em 1995, fui vê-lo, e decidimos conversar semanalmente. Durante uns dois meses, ia todas as quartas-feiras à sua casa. Passeávamos por livros, psicanálise, sua saúde, política. Um pouco de tudo, como são as melhores conversas. Ele não falava da morte próxima, mas se percebia a tristeza num homem quase sempre alegre. Um dia lhe disse que parecia um comandante liderando uma tropa em retirada e sorriu. Conseguimos, depois da análise que fiz com ele, construir uma relação fraterna. Aprendi com Cyro a perceber que a psicanálise não precisa ser só sofrimento. Ela pode ser uma senhora sorridente.

Há mortes variadas, como pode ser o sentimento de um exilado. Sócrates preferiu a morte que o exílio. Também há dor e luto na guerra que mata, mutila, ou ainda a dor de viver num regime cruel e autoritário. Hoje, nossa sociedade vive um luto, perdemos o norte, estamos desnorteados. Os poderosos não se cansam de mentir. Sentimos saudades de um país com menos ódio, pois o ódio invadiu as relações familiares e as amizades. Incrível como foi sendo aceita e aplaudida a arma. A arma não educa, a arma não cura, a arma não ama, a arma mata.

Aos poucos começa a se desvendar o quanto nosso país está sendo atacado nas suas conquistas. Fomos invadidos e divididos pelo ódio, o sentimento mais exaltado nos últimos anos. O Brasil está doente diante um governo perverso e uma Justiça conivente. O país do carnaval está de luto, vivemos uma longa quarta feira de cinzas. Entretanto, se o luto é dor, sofrimento, também pode ser luta. Juntos, aliviamos o peso da dor, o peso da pedra. Quando a tristeza cresce diante os ataques diários à democracia, lembro o desfile da Mangueira em 2019. Essa escola no carnaval abriu passagem para o país sonhar no meio das trevas. (AS)

IMAGINAR O AMANHÃ

Amigo de si mesmo

Um dia Sêneca escreveu uma epístola a Lucílio: "Perguntas qual progresso tenho feito? Comecei a ser amigo de mim mesmo". Portanto, bem antes de Montaigne escrever seus *Ensaios*, refletindo sobre sua vida, suas ideias, e marcando a cultura com sua individualidade, Sêneca já pensava em ser seu amigo. Creio que acertar-se consigo, aprender a conviver com sintomas, conflitos, angústias não é fácil. Cada pessoa tem, às vezes, o sentimento de desamparo, ainda mais em tempos sofridos. Saudades de passear no Jardim Botânico, nos parques, ir a um cinema, ao teatro, às livrarias e a reuniões presenciais. Nesse tempo de quarentena, o desafio é cuidar de si, como faz uma amiga que janta com os amigos pelo instagram. Aliás, no último sábado à noite participei do aniversário de uma jovem, filha de irmãos da vida, no Zoom. Teve muita gente, bolo, velinhas, parabéns, conversas e risos.

Cada um hoje tem a experiência com o vazio, a falta, o luto, o medo. Não é fácil conviver com o sentimento de perdas, de encerramento, da incerteza do futuro. Aprender a ser amigo de si mesmo é uma oportunidade nesse pesado ano de 2020. É preciso inventar atividades que diminuam o isolamento e ajudem a manter o entusiasmo cotidiano. Interessante como aumentaram os namoros nas esquinas do face, no instagram e tantas formas novas de encontros amorosos. Muita entrevista sendo feita nas redes, onde conversas são seguidas por um público ávido de conversar. A sabedoria e a neurose estão em jogo na hora de escolher com quem conviver. De preferência, convém encontrar os que torcem pela gente, com empatia, compaixão, nunca é fácil a convivência. Nas redes sociais compartilhamos palavras, cliques, em abraços dançantes. Matamos as saudades de gente, de conhecidos e desconhecidos e assim construímos a vida dos meio perdidos.

Na construção do sentido ocorrem dúvidas, avanços e recuos. Essa construção busca a fraternidade e ser amigo de si mesmo, diminuindo as mortificações. Indispensável também diminuir o poder da humilhação que se pode sentir, aumentando a humildade. Um amigo uruguaio passou uma situação de vergonha, disse que conheceu o inferno, e após anos conseguiu sair. Vi ele mudado, mais descontraído, superando o encontro com a queda.

Para ser amigo de si próprio convém construir uma parceria amorosa, outra com algum trabalho e investir nas artes. Sem esquecer o movimento, por a vida em movimento mesmo dentro de casa. Encontrar nas palavras que tocam a alma alguns tijolos para construir a fé na união dos perdidos. Não uma fé de salvação, mas algo que é a busca de estar perdidos juntos.

Ninguém sabe o dia que nascerá, é um provérbio turco que diz "As noites estão grávidas e ninguém sabe o dia que nascerá". Hoje a humanidade está grávida, algo está nascendo, vive o crescimento do desamparo. Não há futuro programado, a ordem é repensar a vida, e se proteger da morte. Há muito para aprender, aprender a conviver com o invisível, a incerteza, o inominável.

Aceitar que o mundo está repleto de imperfeições, a começar com as nossas. Aprender a tolerar as limitações do outro e da gente, pois é essencial ser fraterno. O mundo vive tempos estranhos, convém caminhar com as parcerias nos novos labirintos. É preciso cuidado para não se perder por aí, e compartilhar os corações, para atravessar no dia a dia, tempos solitários. Suportar as tristezas, conviver com certo desânimo, evitando a solidão solitária, a realidade nesses tempos é virtual. (AS)

Tristeza

A tristeza não tem fim, diz um samba, por isso outro pede que a tristeza vá embora. Vá embora, mas não tanto, pois "para fazer um samba com beleza é preciso tristeza". Tristeza, para Espinosa, é uma paixão negativa, ao contrário da alegria que ele define como uma paixão positiva. Desde o samba e a psicanálise é possível ver o positivo da lágrima, pois ela é necessária no amor e no humor. Um sorriso entre lágrimas é uma definição do humor, um abraço entre a lágrima e o sorriso.

Hoje, a sombra da melancolia caiu sobre o Brasil mais uma vez. Na verdade, não faltaram na nossa história tempos tristes de crueldade. Foram três séculos e meio de escravização, 36 anos de ditadura, racismo e violência sempre. A violência de hoje está na pandemia desprezada ("é só uma gripezinha"), que ultrapassou meio milhão de mortos e famílias enlutadas. Não há reais preocupações com a Covid-19, a fome, o desemprego, por parte dos poderes. Um Brasil frio, indiferente, sem norte, nessa longa quarta-feira de cinzas.

É difícil viver na desgraça, mas os negros, quando caía a noite, cantavam e dançavam para enfrentar a crueldade branca. É possível imaginar quantas tristezas já viveram os negros, os índios, ainda hoje atacados e mortos? As terras indígenas e as dos quilombos, reguladas por leis da democracia, estão sendo cobiçadas. Algumas já foram invadidas pelos brancos bilionários com apoio de todos os poderes, até o das Forças Desalmadas. Que saudades do Marechal Rondon, que amou os indígenas e foi amado por eles.

São tempos tristes, tempos de insensibilidade, no distanciamento o real agora é virtual. Teremos que reaprender o sabor do amor para recuperar o calor. Sim, estamos frios, distantes, sem conversas presenciais, sem teatro, sem cinema, sem esportes. Nesses tempos difíceis, convém aprender com os que viveram e vivem os efeitos da violência branca. Aliás, escrevi aprender e logo associei que mal aprendi a História do Brasil. Não aprendi as origens africanas na formação deste país, nem dos maus-tratos aos negros pela Casa Grande. Após a abolição da escravatura não ensinam que os negros foram relegados, os arquivos da escravidão queimados. Os negros não receberam terras como os imigrantes e nem educação, foram marginalizados pela sociedade branca. Precisamos conhecer o Brasil que não está no retrato.

Conhecer, por exemplo, a incrível empregada doméstica que fez faculdade, mestrado e doutorado e hoje é a escritora: Conceição Evaristo, autora desta poesia:

Vozes-mulheres
A voz de minha bisavó
ecoou criança
nos porões do navio
ecoou lamentos
de uma infância perdida.
A voz de minha avó
ecoou obediência
aos brancos-donos de tudo.
A voz de minha mãe
ecoou baixinho revolta
no fundo das cozinhas alheias
debaixo das trouxas
roupagens sujas dos brancos
pelo caminho empoeirado
rumo à favela.
A minha voz ainda
ecoa versos perplexos
com rimas de sangue
e
fome.
A voz de minha filha
recolhe todas as nossas vozes
recolhe em si
as vozes mudas caladas
engasgadas nas gargantas.
A voz de minha filha
recolhe em si
a fala e o ato.

IMAGINAR O AMANHÃ

O ontem – o hoje – o agora.
Na voz de minha filha
se fará ouvir a ressonância
o eco da vida-liberdade.

Conceição começa com a voz da bisavó nos porões do navio, segue com a voz da avó na obediência aos brancos-donos de tudo, e vem a voz da mãe na favela, a voz dela em versos com rimas de sangue, e a voz de sua filha com o eco da vida-liberdade. Esse é um poema das vozes das mulheres negras, e já é mais do que hora que as vozes brancas se somem às vozes negras e índias para um Brasil antirracista. Tempos tristes, tempos de luto e luta na recordação do assassinato de Marielle Franco. Quem mandou executá-la? (AS)

ABRÃO SLAVUTZKY • EDSON LUIZ ANDRÉ DE SOUSA

Construção de sentido

A construção de sentido é contrária ao vazio de sentido, que expressa o tédio, a melancolia. O vazio é um estado passivo, tristonho, já a construção de sentido é o oposto, é a coragem, o entusiasmo de viver. Toda construção requer bons alicerces, e são dois os alicerces essenciais: as relações amorosas e o trabalho. A criança quando nasce é um antigo futuro sujeito, antigo porque cada um de seus pais tem já histórias que envolvem também os antepassados. Já o futuro da criança está por ser vivido, construído, a partir do nome próprio, no qual estão presentes os desejos inconscientes dos progenitores. Portanto, o bebê já nasce dividido, pois seu nome é posto por outros que não ele. Sua vida é totalmente dependente, não há assim o indivíduo – o não dividido –, mas sim um sujeito marcado pela divisão, pois convive o bebê entre a alienação e a separação.

O amor, seja qual for, é sempre ambivalente, portanto convive com o ódio, as relações amorosas são conflitivas. Importante é que uma criança tenha uma base na qual possa se apoiar, relação suficientemente boa, que ampare diante do desamparo.

A criança cresce e um dia enfrenta o desafio do trabalho. Uma vida independente envolve a construção de uma profissão, que permita sua autonomia. Essa decisão requer muito esforço, não é fácil para ninguém, e a confiança de um caminho é uma longa história, mas os pais, e outros, influenciam através dos seus desejos. Tem sido frequente tentar uma, duas ou três possibilidades de trabalho até o jovem se encontrar e sentir alegria e gratidão. Um exemplo é o que disse Winnicott sobre ser psicanalista: "Agradeço aos pacientes que pagam para me ensinar". Viver é aprender, a gente está sempre aprendendo, e pobres são os que pensam saber tudo.

A construção de sentido são aventuras, odisseias que acompanham a cada um do nascimento à morte. Quantas vitórias e derrotas, ilusões e desilusões, sucessos e fracassos. São os labirintos surpreendentes, onde se entra num, se sai, e já se está em outro. Ocorrem tristezas, até depressões, um vazio de sentido é vivido, tudo perde a cor, o sabor, e a dor toma conta do ser. Uma desconstrução, um pânico de não ser nada ou quase nada, uma perda de norte, de rumo, a gente se assusta.

Uma forma de ter um sentido de ser é se alienar em líderes religiosos ou não e seguir o que eles mandam. Vivem tensões, conflitos, mas buscam seguir os trilhos já abertos pelos familiares ou os mais variados pastores que regem seus rebanhos. São os que perdem a liberdade pela segurança prometida. Construir o sentido é um caminho de incertezas, e conta o quanto cada um foi amado, valorizado, nos primeiros anos de vida. Um dos obstáculos na construção é a compulsão à repetição, a necessidade de castigo através do masoquismo moral.

A construção do sentido de vida depende das parcerias Quem recorda, quem pode ser grato, é capaz de aprender e construir seus próprios trilhos. No meio do desânimo pela pandemia, ou pelo desgoverno que escreveu na bandeira desordem e retrocesso, duas sugestões para ver: Primeiro o documentário *De olhos abertos*, de Charlotte Dafol, sobre a comunidade do jornal *Boca de Rua*. Segundo: ver e rever Emicida: *AmarElo – é tudo pra ontem*. Não recebem a primeira página dos jornais, mas fazem a história do que não está no retrato. Construir é compartilhar, partilhar, par, parcerias que diminuem o peso de ser. A leveza permite voar, abraçar e ser abraçado na beleza da imaginação. (AS)

ABRÃO SLAVUTZKY • EDSON LUIZ ANDRÉ DE SOUSA

Conflitos

O conflito é constitutivo do ser humano. O conflito tanto é essencial na realidade social como na realidade psíquica. Há conflitos sem fim: familiares, íntimos, econômicos, religiosos, raciais entre outros. Nos conflitos em sociedade, há uma busca da vitória, e as ambições podem superar as leis e a ética. Nos anos 50 foi feita uma experiência por psicólogos norte-americanos que levaram para um acampamento, adolescentes que não se conheciam. Na chegada, foi dada a cada participante uma camiseta de cor azul ou vermelha. Azuis e vermelhos faziam refeições em horários diferentes e dormiam em alojamentos próprios. Formavam equipes adversárias em todas as práticas esportivas. A observação precisou ser interrompida antes da data prevista por causa da grande violência na disputa entre azuis e vermelhos.

Vivemos um ano de muitos conflitos, com repercussões nas relações familiares, como ainda não se havia visto no Brasil. Discussões sem fim nas redes sociais, nas ruas, em casas. Estou há tempos pensando nos sentidos da palavra conflito, mas foi vendo o filme *Rasga Coração*, dirigido por Jorge Furtado, que decidi escrever. O filme, baseado numa peça de teatro de Oduvaldo Vianna Filho, é atravessado do início ao fim por conflitos de toda ordem. Conflitos geracionais, políticos, sexuais, de gênero, raciais, ao ritmo de músicas e diálogos marcantes, como o que ocorre entre os atores Chay Suede, o filho de Manguari Pistola, e sua mãe Nena. O filho diz à mãe, em tom de desabafo, em alto e bom som: "Teu problema, mãe, é que tu não gostas de ti e eu gosto de mim". Marcantes são os conflitos dos jovens que contestam seus pais, a direção da escola e lutam pela democracia contra a ditadura militar. Um filme sobre três gerações.

Os conflitos atravessam a História. Na Bíblia, os conflitos já começam no Paraíso com a proibição divina que se coma o fruto da árvore do conhecimento. E algum tempo depois, Caim matou seu irmão Abel, logo veio o Dilúvio, a escravidão dos judeus e assim seguiram os conflitos no livro sagrado. Já a velha Grécia vivia em confrontos entre as ci-

IMAGINAR O AMANHÃ

dades-estados. Hesíodo coloca os embates nas raízes do mundo, Heráclito define Polemos (guerra) como o pai e o rei do universo. Essa é uma concepção agônica do homem, devido às constantes lutas, disputas.

Já os conflitos psíquicos têm sua dinâmica própria: decorrem de tensões contrárias entre um desejo e a defesa, entre desejos e sentimentos opostos. Esses conflitos são inconscientes, expressados em sonhos e sintomas. A mais precoce ligação afetiva de uma criança com seus pais se expressa pelas identificações. A identificação é ambivalente, pois a criança é tanto carinhosa, como agressiva. Pode parecer desconcertante como um ser de tão pouca idade já manifesta tanto ternura como hostilidade. Lembrem da palavra ambivalência, ela é uma das chaves para se entender o humano. E há ainda os conflitos pulsionais, o conflito edípico, os conflitos fraternos entre outros.

O problema maior dos conflitos ocorre quando a crueldade impera. Crueldade na família, crueldade racial, crueldade religiosa, crueldade dos bandidos, crueldade judicial, crueldade policial. Já as artes, o humor, aliviam as dores dos conflitos, pois emocionam, fazem pensar, rasgam o coração com amor. Os amores convivem com os conflitos, e são indispensáveis na existência. Conflitos podem ser superados, ou se aprende a conviver com eles e assim viver um pouco melhor.

Convém aqui lançar mão da ficção, a partir da experiência norte-americana referida acima, dos azuis e vermelhos. Imaginem um país dividido entre azuis e vermelhos jogando, e tudo se inclina para uma vitória vermelha. Entretanto, os azuis, que dominam os poderes jurídico, militar, econômico, midiático, decidem eliminar o líder vermelho. Ocorre então um confronto onde os azuis vencem, mas os vermelhos caem de pé. O espanto não é tanto a vitória azul combinada com os juízes, mas o poder dos vermelhos em lutarem até a prorrogação do jogo. Os azuis são práticos, defendem os direitos de uma minoria que muito tem e sempre ambiciona mais. Já os vermelhos sonhadores, apesar de erros graves, conseguem manter um norte em que outro mundo é possível. Agora, devido à ambivalência, há nos vermelhos algo de azul, e nos azuis, que não são sangue azul, algo de vermelho. O ser humano convive com as contradições

Terminar o ano vendo o filme *Rasga Coração* é uma massagem no amor-próprio, uma alegria no meio do festival retrô que assola o país. Vamos ao cinema perceber o quanto o coração do Brasil segue batendo. (AS)

ABRÃO SLAVUTZKY • EDSON LUIZ ANDRÉ DE SOUSA

Frustrações

A arte da vida está em tornar compatíveis os desejos incompatíveis. O desafio de uma vida, uma prática difícil, por momentos impossível. Para desfrutar a vida, é preciso aprender a suportar as frustrações. Frustração é a recusa de um desejo, de uma satisfação pulsional, pois nem tudo que se deseja está ao alcance. Aí podem se gerar os sofrimentos, e não é por acaso que, dos Dez Mandamentos da Bíblia, sejam as proibições as mais lembradas: não roubarás, não matarás. Aliás, do sexto mandamento ao décimo são as proibições, o que o ser humano não pode fazer. Não pode satisfazer suas pulsões, seus desejos, as tendências antissociais.

Exemplos de frustração não faltam, como ser traído por um amigo em situação de urgência pela qual você está passando, trabalhar muito e ser dispensado do emprego, estudar muito e ir mal na prova, ser abandonado numa relação amorosa. Diante das frustrações podem ocorrer reações agressivas, depressivas ou ambas. Os vícios estão ligados a frustrações, pois as dependências são formas de aliviar as dores existenciais, criando um ciclo vicioso. Também tem os que vão à luta para superar perdas, desprezos, transformando as frustrações em superações impressionantes.

Toda história de amor é uma história de frustração, e aprender a amar é aprender a conviver com frustrações e gratificações. A capacidade de tolerar a frustração requer uma capacidade negativa ou resiliência. Ambas as expressões revelam o quanto, às vezes, é possível transformar derrotas em vitórias, lágrimas em sorrisos. É preciso desenvolver uma capacidade de pensamento que transforme a energia das pulsões em artes, estudos, novas iniciativas.

A frustração decorre das expectativas do poder do outro, pois, quanto maior é, mais difícil será suportar a frustração. Um exemplo é o que ocorreu com o *Rei Lear*, de Shakespeare. Lear, ao envelhecer, deseja dividir seu reino entre suas três filhas. Entretanto, pede a elas, em troca do que daria, palavras de amor, uma casa para si e cem cavaleiros de sua guarda. O rei, assim, transforma suas filhas em mães. O rei, ao final da vida, se manifesta como uma criança, busca criar uma seita de adoradoras. É o Bobo quem diz no ato I cena IV: "Não devias ter envelhecido antes de teres criado juízo". É ridículo quando se envelhece sendo imaturo, pedinte de provas infinitas de amor, com a arrogância de saber tudo. Foi o que ocorreu ao rei Lear numa tensa conversa com Cordélia, filha de sua preferência. Ela retém suas palavras na mesma medida em que ele é ávido por elas. Lear é a expressão das pessoas que sempre têm toda a razão, contra o mundo todo, e expressa sua loucura.

Portanto, a frustração decorre do fato de que uma pulsão não pode ser satisfeita. A norma que se estabelece, a proibição, resulta numa privação. "Cabe esperar que as classes relegadas invejem aos privilegiados suas prerrogativas"; "Uma cultura que deixa insatisfeitos a um número tão grande de seus membros e os empurra à revolta não tem perspectivas de se conservar de forma duradoura, nem o merece". Em outras palavras: a luta de classes põe de um lado a classe relegada e de outro a classe privilegiada. É possível imaginar esse pensamento como sendo de um marxista ou de algum esquerdista.

Acreditem se quiserem, mas foi escrito por um homem avesso à política, mas um pensador da cultura. Seu nome é Sigmund Freud, e os curiosos podem buscar o trecho no segundo capítulo do livro *O futuro de uma ilusão*, de 1927. Pensamento importante diante das revoltas populares atuais. A psicanálise, em geral, está distante do que ocorre fora dos consultórios e das instituições psi. Pobre é o nosso narcisismo das grandes indiferenças. Lembro que Freud, a partir da Primeira Guerra Mundial, enriqueceu a psicanálise, pois se acordou para o mundo. Portanto, sempre é tempo de despertar. (AS)

ABRÃO SLAVUTZKY • EDSON LUIZ ANDRÉ DE SOUSA

Vivendo em verso e prosa

Nelson Mandela viveu 27 anos preso na África do Sul. Quando a solidão se tornava insuportável, vinha a sua mente os versos de um poema, seu companheiro como ele dizia. Então na solidão da cela recitava o *Invictus*, de William Henley, poema que conclui assim: "Sou o senhor de minha alma/Sou o capitão de meu destino". Repetir o poema, em especial as duas frases finais, passou a ser para Mandela uma oração, um mantra, uma forma de renovar sua fé para não enlouquecer. Longe da esposa, dos filhos, dos amigos, se sentia tristonho, desamparado. Para Mandela, a poesia fez parte da luta para sobreviver e conquistar a liberdade, e tinha nos versos a prova sublime da condição humana. Por isso, Shakespeare assegurou: "Nem o mármore, nem os dourados monumentos a príncipes, durarão mais do que estas rimas poderosas". A importância do poema *Invictus* para Mandela faz recordar a magia das palavras nas origens da humanidade.

O homem começou a falar em verso, pois suas frases eram curtas, cadenciadas, repetindo sons e criando a rima. A poesia era usada em rituais religiosos ou quando se entoavam hinos. Aliás, o teatro grego nasce nos rituais religiosos. Até hoje, parte dos pensamentos adotam o verso, como os provérbios que condensam sabedorias. A fala em prosa viria mais tarde, quando o conjunto de palavras foi usado para buscar explicações que não fossem míticas ou sagradas. O homem precisou criar outra lógica, uma nova razão para lidar com o dia a dia. O homo sapiens buscou na imitação dos ruídos que a própria natureza emitia (o vento nas folhas, o canto de pássaro, uma pedra rolando no morro) a imitação, a mimese, para que a comunicação fosse ritmada. A natureza se encarregava de fornecer uma cadência que os primeiros habitantes da terra absorviam para usar no que desejavam dizer. Talvez, por isso, o poeta Hölderlin escreveu que "poeticamente o homem habita a Terra", frase do seu poema *No azul sereno*. Então, Edgar Morin propôs que se o homem habita a Terra poeticamente, ele também habita prosaicamente. Numa conferência sobre a poesia, reflete sobre a vida poética que há na dança, no amor, no sonho, na música. A vida poética está também no erotismo, nas parábolas, no humor, na piada. Já a vida prosaica é a ordem, a organização, a teoria, a ciência, enfim a racionalidade de um discurso sempre em busca de explicações. Em toda cultura haveria assim as duas linguagens: a prática, empírica, tão necessária para viver, bem como a linguagem mágica dos versos.

A palavra infância, por exemplo, é uma palavra prosaica, porque começa com "in", que é não. Infância é o não falante, é um tempo em que se está privado da palavra, e aí se perde a poesia da variação de sons, de mímica, das belas comunicações de uma criança. Incrível é escutar conversas com sons de uma criança e de um adulto que sabe interagir. Há uma musicalidade presente que toca, emociona, sem depender só de palavras. Já tive oportunidade de presenciar crianças pequenas, ainda não falantes, se comunicando com um adulto atento e que desenvolvem uma impressionante conversa. Sempre me espantam cenas assim, pois há uma riqueza que passa despercebida. São cenas de uma arte dominada por sentimentos, onde um e outro criam a memória anterior à linguagem. Há nessa fase um fluxo sonoro, visual, sensitivo, que tanto interessou a escritores como Proust e Beckett. Há já nesses primeiros meses uma criatividade que as artes buscam expressar. Quando estudei o humor infantil percebi o quanto a psicanálise se interessou pouco pela graça que as crianças geram com seus atos, sons, imitações, e até teatralizações. As crianças abrem as portas para uma vida poética.

Em geral, tanto a vida como a psicanálise estão mais para a prosa do que para a poesia. As artes são poéticas e conseguem intuir os conflitos do desconcertante mundo íntimo de cada um. Conviver com a arte, conviver com os artistas, é terapêutico, é aprender a praticar a frase: "Meu coração é o reino do espanto". O espanto, a capacidade de espantar-se, é essencial numa existência poética no dia a dia, tanto da vida em geral como no atendimento dos pacientes. A história a seguir me surpreendeu e das surpresas é que mais se pode aprender. (AS)

ABRÃO SLAVUTZKY • EDSON LUIZ ANDRÉ DE SOUSA

Da tristeza ao riso

Quando Lucas chegou para uma primeira entrevista, parecia um fantasma de tão magro. Olhos fundos, cabisbaixo, um rosto desanimado. Teve sua honra, seu prestígio profissional e familiar arrasado de um dia para outro. Foi responsável por ter sua casa roubada, pois havia esquecido a porta da frente aberta. Chegara alcoolizado de uma festa num verão que sua família estava na praia. Dormia quando entraram ladrões que levaram tudo que havia de importante na sua residência. O caso chegou às páginas policiais do jornal de sua cidade e ele entrou em crise. Várias vezes o paciente chorou, perguntando como sairia daquele poço em que havia caído. Naquele momento, e durante muito tempo, não soube como iria superar a depressão. Já havia ido a dois profissionais para se tratar, mas não se sentira confiante. Ambos foram silenciosos, e ele saiu das consultas decidido a não voltar. Recordo que seu irmão, colega de profissão, me ligou desesperado em um período de férias. Aceitei atender logo que pudesse. Na primeira conversa, apesar de estar arrasado, encontrou forças para dizer de surpresa: "Impossível discutir com os psicanalistas, pois vocês sempre tem razão". Poderia ficar quieto, normalmente ficaria, mas na hora sorri. Ele ficou contente com o sorriso, pois foi uma forma de concordar com ele, de lhe dar razão. A partir daí, começou uma relação na qual a confiança foi sendo construída. Lucas estava mortificado e perseguido, se sentia desamparado. Algumas vezes, me perguntei sobre sua integridade física, pois estava inapetente e sem entusiasmo para viver.

Vinha uma vez por semana, sempre pontual, nunca faltava, e, lentamente, foi enfrentando o trauma das perdas materiais e de seu prestígio. Aliás, sua capacidade de luta foi sempre uma luz diante de tanta escuridão. Com o tempo, seu humor melhorou, começou a confiar mais em si, aumentou seu trabalho, seus ganhos. Pode parecer mágica, mas foram anos e anos de um processo no qual foi sendo construído um novo caminho de vida. Muitas vezes disse que sentia o quanto eu confiava nele. Entretanto, não sabia como ele iria sair da situação labiríntica que havia entrado. Um dia, chegou abatido, chorou, pois sua esposa tinha se interessado por outro homem. Ele já tinha tentado se separar duas vezes, mas terminava voltando para casa. Então disse a ele que essa poderia ser a oportunidade de efetivar a separação da qual queria, mas tinha muito medo. Teve êxito, e devagar foi aprendendo a sair com mulheres, algum namoro, e finalmente voltou a se casar. Além de trabalhar, começou a nadar, e a competir em provas no mar e no rio.

Uma vez temi pela continuação do tratamento. Havia evoluído ao longo de anos, tinha uma nova família, estava bem profissionalmente. Entretanto, seguia usando droga escondido, era viciado em maconha e às vezes cocaína. Um dia, fez uma bobagem no seu trabalho, e veio sua esposa com ele na consulta. Relataram tudo que ocorrera e ficou claro que o paciente estava me escondendo parte importante de sua realidade. Na consulta seguinte, envergonhado, me pediu desculpas, sabia que não podia mais pôr a sujeira debaixo do tapete. Foi quando lhe disse que seu ataque a nós, ao nosso trabalho, talvez não permitisse a continuação do tratamento. Seu comportamento de esconder sobre o vício tinha diminuído meu poder de ajudá-lo. Ao mentir, gerou um clima de insegurança, pois como saber quando diria a verdade e quando estaria mentindo. Sabia da dureza das palavras, tanto que, ao escutá-las, ele chorou, mas não me ocorreu outro caminho na hora. Interessante que ele atacou seu poder e o meu, e o mesmo ocorrera com seu pai diante de sua mãe. Ele era o "queridinho da mamãe" desde pequeno. Agora fazia dupla com o vício, contra nossa dupla. Logo, ou ganhava uma dupla, ou a outra, a sorte estava lançada.

O paciente saiu triste, preocupado, e eu também fiquei inquieto quanto ao nosso futuro. Felizmente, o resultado foi bom, pois parou de mentir a mim e a si mesmo. Chocado com os riscos de interrupção do tratamento, abandonou definitivamente a droga que poderia destruí--lo. O interessante é que Lucas, apesar dos desequilíbrios, tinha um sentido de humor apurado e uma alegria de viver que aos poucos foi aparecendo. Nunca faltava às consultas, como escrevi, e as conversas eram intensas, de muito trabalho. Falava com entusiasmo sobre minha ajuda, e eu lhe dizia o que penso. O êxito do tratamento está 90% na dedicação do paciente e 10% na minha ajuda. Acredito na valorização de quem se trata, diante a idealização do analista. Anos depois, já na despedida, me escreveu algumas palavras sobre nosso sucesso. Como foi viver no exterior, enviei-lhe um e-mail perguntando sobre a possibilidade de publicar num livro o que me escrevera no final do tratamento, sem citar seu nome. Ele, com satisfação, acedeu. Essas foram suas palavras:

"Aqui juntos chegamos. Após tantas batalhas, nocautes e vitórias. Tantas aprendizagens e orientações. Por teres acreditado quando eu mesmo fraquejava, muito obrigado. Foram os 10% mais importantes da minha vida. Passamos por tormentas e tempestades, estive nas arenas da vida, onde senti o gosto da areia, do sal e sangue. Então, uma voz me fazia levantar, era a tua voz. Meu treinador, estás comigo no pódio da vida. A partir desse lugar, iço minha vela e parto para uma nova jornada da minha vida. Levo comigo as nossas lembranças e conquistas deste período em que juntos estivemos. Parto para novos mundos, conquistas, sem perder meu norte e te levando na memória e em meu coração, muito obrigado por tudo".

Lucas havia aprendido, após dez anos, o que Sêneca dissera ao ser perguntado sobre qual foi seu progresso na vida. Afirmou que aprendeu a ser amigo de si mesmo. Talvez seja isso que precisamos todos: aprender a ser amigos de nós mesmos. No caso do psicanalista, ser amigo de si, gostar de si, apreciar quem se é, envolve encontrar o seu silêncio e sua voz. (AS)

IMAGINAR O AMANHÃ

Separações

No nascimento ocorre a primeira separação, marcada pelo corte do cordão umbilical. O recém-nascido é totalmente dependente de alguém que satisfaça suas necessidades (sede, fome, cuidados). Vive um estado de impotência diante de seu desamparo biológico. Na primeira separação já se nasce chorando, e se o bebê não chora forte pode ser um problema. Depois começa uma etapa onde o mundo entra pela boca, a conhecida fase oral. O tempo passa e a criança é desmamada, perde o seio com seu leite aquecido. Começa a falar e a caminhar, duas conquistas importantes que ocorrem após perder o colo, e a apontar o que desejava. Ao crescer, esse bebê torna-se criança, depois adulto, e o desamparo será mais de cunho psicológico, diante de situações de perdas ou separações. São situações traumáticas geradoras de angústias nas quais se perde o norte, o rumo.

Aprender a viver separações, aprender o desapego, envolve construir boas parcerias, talvez seja o alfa e o ômega da sabedoria. E a parceria consigo próprio é decisiva. A vida de cada um pode ser contada como uma história de separações, sendo que a última separação é a morte. E a cada separação se tem uma lágrima ou muitas. Talvez esteja certo o psicanalista J. B. Pontalis quando escreveu: "Somos queixosos de todas as separações de que fomos vítimas". As separações são fixadas no tempo como uma partida, uma casa, uma foto, o bairro, as árvores, uma cidade, um país. Separação da escola, da faculdade, dos amigos, dos familiares. Cheiros familiares, como certas comidas da infância, despertam histórias do passado. Uma das mais famosas cenas de separação foi escrita por Marcel Proust na sua obra *Em busca do tempo perdido*. O escritor, ao tomar um chá, molha uma madeleine nele, e logo sente-se transportado aos seus tempos de criança, em Combray, na França.

No final do ano de 1979 veio a Porto Alegre Atahualpa Yupanqui, cantor e compositor argentino. Ao final do show que lotou a velha Reitoria, disse: "Toda separación duele, y quienes no piensa así que se separe". Eu vivia naquele tempo a dor da separação de Buenos Aires, e a dor da perda dos amigos do passado, nada era como antes. Como todas as pessoas, passei por muitas separações, mas uma em especial me abriu as portas para um vício que tenho até hoje. Aos quinze anos, tive hepatite e passei um mês quase sozinho, muita cama, e só levantava para passear um pouco pela casa. Naquela época, descobri o quanto os livros tinham histórias empolgantes. Fui lendo o que havia na biblioteca de minhas irmãs: A cidadela", de Cronin, A corrente, de Stefan Zweig, Servidão humana, de Somerset Maugham, entre outros. Livros que nunca tive interesse em reler, mas me fizeram companhia. Fiquei viciado em livros, onde encontrei amigos escritores com quem convivo.

Portanto, a cada separação também pode ocorrer um crescimento. Yupanqui e Pontalis expressam as dores das separações; entretanto, só se separando é possível crescer e não permanecer alienado ao outro. Separação assim não é só perda, mas também conquista, potência de crescimento. Diante das separações são possíveis tanto os caminhos criativos como os destrutivos. Alguns aceleram, outros se deprimem, e muitos buscam vícios mortificantes para se amparar. Atravessar o deserto do desamparo, suportando a dor e o horror, abre o acesso ao desejo e à liberdade. Para alguém se sentir livre, precisa passar por separações, aprender a se desapegar e construir um caminho próprio. E aí sempre são decisivos os parceiros de caminhadas diante dos labirintos e das encruzilhadas da vida. (AS)

IMAGINAR O AMANHÃ

Lágrimas das depressões

Em tempos tristonhos, convém aceitar a tristeza, o desânimo, a solidão. Não conheço ser humano que não viveu suas perdas, que doem como uma dor de dente. Depressão é um tempo em que tudo está mais lento, frente a uma separação, perda profissional, uma desilusão. As dores e os dissabores acompanham o ser humano ao longo de sua vida. Somos seres dependentes, mesmo na imaginação de ser independente, porque em cada etapa da existência, da infância à morte, o desamparo ou a ameaça de desamparo está presente. O desamparo é um sentimento de vazio, uma sensação de fragilidade angustiante. Aliás, o desamparo está no centro da clínica psicanalítica; a arte de viver está nos destinos criativos do desamparo.

As depressões, as maiores e as menores, são intensas, extensas, onde o desânimo domina o espírito. Quem nunca caiu num poço pode não entender os depressivos, que não vivem acelerados, ao contrário. Diminuem as capacidades de amar, trabalhar, conversar e a energia de viver se esvai, e o desânimo cresce. Diminui a energia sexual, o erotismo e aumenta a vontade de dormir. Algo semelhante ao que escrevo, vivi no meu primeiro ano de Buenos Aires, há quase 50 anos. Foi quando comecei o aprendizado da depressão na pele, que durou uns oito meses. Perdi o riso, fiquei sem norte, as lágrimas brotavam do nada, sentia saudades do passado. As árvores de Buenos Aires não eram as do Bom Fim, tudo era estranho no mundo portenho, e aos poucos comecei a gostar dos tangos. Na solidão dos sábados à noite escutava os lamentos cantados de Gardel e de Julio Sosa, e assim me sentia acompanhado. Nesse tempo conheci o desamparo, o imenso buraco, um vazio de sentido, e como era difícil conviver com a solidão. Depressão é uma doença do amor, da falta de amor a si mesmo e ao mundo.

O deprimido não tem provas de amor, as que tem são insuficientes; falta a visibilidade, a fé, é difícil perder a segurança, e a vida se torna insuportável. Nas depressões, em geral, ocorre uma insuficiência de ausência, a criança não pode ficar suficientemente só em suas brincadeiras. Haveria nos depressivos um excesso de presença – uma função materna espaçosa – e um filhinho de mamãe, que sem amparo desaba. Por outro lado, é possível pensar também que o depressivo não enfrenta o pai, fica passivo diante dele, não se rebela, permanece mais dependente da mamãe. A questão é como passar da passividade à atividade, da humilhação para uma atitude ativa da construção de um novo sentido. Construção do crescimento, do amadurecimento, uma nova estrada. Em geral, os depressivos reagem bem ao tratamento, onde a transferência é essencial. A depressão tem crescido, fazendo a felicidade da indústria de antidepressivos.

Já no nível social, os sonhadores andam tristonhos, quase já não cantam que outro mundo é possível. Porque, se cada um precisa construir sua vida particular, está também integrado na construção ou destruição da vida pública. Nesse sentido, talvez os humanistas estejam meio perdidos, pois, entre tantos perigos virais, suportam aqui os ataques mortíferos dos poderes poderosos. Escrever é um fermento para aumentar a coragem, e assim sustentar a imaginação do amanhã. No fim de semana, aqui, ocorrem os encontros nas esquinas do Face, que é um espaço de conversas. Um dia, sairemos de casa, voltarão as danças circulares, o abraço, mesmo se for com máscara. Aliás, está tudo invertido, pois agora a gente do bem anda com máscara e as do mal sem máscara.

E o amor voltará a mover o Sol e as outras estrelas, como escreveu Dante. Então o Sol secará as lágrimas, sua luz fará renascer o entusiasmo, e os sonhos serão recolhidos do lixo. A poesia não penetra nas rochas, ela toca a alma, realça as cores, excita a vida, vibra com as músicas que secam as lágrimas. (AS)

IMAGINAR O AMANHÃ

Nossos mortos vivem em nós

Em tempos de milhares e milhares de mortos, cresceu a morte no imaginário. Pensar na morte, recordar os mortos, é perceber as cicatrizes no coração que podem sangrar com lágrimas. São os sofrimentos das separações, e quando o desapego é impossível, se revelam os laços eróticos com o morto, e cai a sombra da melancolia. Os queridos mortos vivem na gente, tanto na consciência como no inconsciente, através dos sonhos, sintomas e atos falhos.

O livro de Freud, *Psicopatologia da vida cotidiana*, é o livro dos diferentes atos falhos, que começa com o esquecimento de um nome próprio estrangeiro. É o caso Signorelli, pintor esquecido numa conversa sobre os costumes dos turcos quanto ao sexo e à morte. As causas do esquecimento do nome do pintor são os pensamentos reprimidos: a morte e a sexualidade. Portanto, pensar os mortos envolve conhecer os laços afetivos com ele, as identificações.

Identificação é a mais precoce manifestação de ligação de sentimentos com outra pessoa, é um processo psicológico pelo qual um bebê assimila um aspecto, uma propriedade do outro, e assim tanto se forma, como se transforma. A personalidade se constitui pelas identificações com irmãos, tios, todos que são marcantes e integram as identificações de cada um. As identificações são mantidas pelos desejos inconscientes dos progenitores, que marcam cada pessoa já na escolha do seu nome próprio.

Os nossos mortos vivem em nós, às vezes no erotismo do luto e nas dificuldades do desapego. Os mortos costumam visitar nos sonhos, ademais, a gente, ao envelhecer, fica aqui e ali mais parecido aos progenitores. A questão é como cada um constrói seu espaço próprio, mais livre do poder desejante dos pais. A pergunta "Quem sou eu?", quem é mesmo cada um, tem a ver com as identificações, a pluralidade das pessoas psíquicas que formam a psique, alma em grego.

No livro *Sobre a morte*, do escritor Elias Canetti, ele escreve que tinha sete anos quando seu pai morreu subitamente em casa. Elias estava na rua brincando e sua mãe gritou várias vezes para ele: "Meu filho, você está brincando e seu pai está morto!". Elias buscou saber os porquês da morte de seu pai, de quem ele tanto gostava, e para isso sempre tentou averiguar, até que, 23 anos após a morte do pai, sua mãe fez uma confissão. Ela se entusiasmou com um médico que a tratou e contou isso ao pai de Elias, que ficou abalado. O casal discutiu, e no dia seguinte ele enfartou. Canetti foi o Prêmio Nobel de Literatura em 1981, e seu livro mais importante foi *Massa e poder*. Durante 25 anos buscou entender o comportamento humano diante do autoritarismo, em especial as grandes ditaduras da primeira metade do século XX.

Durante quatro décadas escreveu frases reflexivas sobre a morte, que foram reunidas no seu livro sobre o tema, e sempre se opôs sempre ao conceito de que o homem é um ser para a morte. Defendeu com ênfase que o homem é um ser contra a morte, que é preciso combater a morte. Talvez fosse uma forma de protestar pela morte precoce do pai, pois escrever sobre a morte é também escrever sobre o pai morto. Sonhou com uma solidariedade entre os vivos contra a morte. Diante dos mortos se apresentam muitos caminhos, e cada um faz o que pode com seu cemitério particular. No velório do pai de Michael Jordan, que foi assassinado, o jogador chorava copiosamente e sua mãe disse a ele: "Seja grato, seja grato" e isso o acalmou.

Nossos mortos vivem em nós, e neste ano a pandemia acentuou o medo da morte, e a luta pela vida. Elias Canetti, nas suas reflexões sobre a morte, se revelou um combatente solidário com os seres vivos contra a morte. Todos os profissionais da saúde, todos os seres de bem, deveriam se opor aos governos que trabalham a favor da morte. (AS)

Queixite

Queixite é a inflamação da queixa. Os queixosos crônicos põem boa parte de sua energia sexual em desejar que os demais se sintam em dívida consigo. Haja paciência com os queixosos chorosos. O escritor Jorge Luis Borges, quando perguntado sobre sua dor por ser cego, disse que não se queixava dela. E acrescentou: "É triste se queixar". Os queixosos são vorazes, sempre estão a exigir mais, pois são carentes, com seus desejos sempre insatisfeitos. O queixoso escuta essa frase, gosta, mas segue se queixando, pois não acredita que a frase tem a ver com ele. E aqui cabe a pergunta de por que, afinal, todos se queixam? O psicanalista J. B. Pontalis respondeu assim a essa questão: "Quem se queixa de sentir-se decepcionado, em realidade se sente traído. E a primeira traição é a da mãe, que dirigia seu olhar a outra parte". Faltaram nessa resposta as queixas contra o pai, os irmãos, a cidade, o país, o mundo. Todos nos queixamos, uns mais, outros menos, mas, quando o tempo não passa em vão, diminuem as queixas, suportando-se assim melhor as frustrações. Protestar, criticar, não é queixar-se, porque são atitudes ativas, rebeldes, que buscam a mudança. A queixa é passiva, melancólica, um opositor e tanto do humor. Espinosa diria que a queixa, por ser triste, é uma paixão negativa.

Em se tratando de queixa e queixite, não poderia faltar a *idische mome*, a famosa mãe judia. Aliás, alguns afirmam que esse personagem de livros e filmes já não existe. Uma história da velha *idische mome*: uma mãe judia morre, muita tristeza dos familiares e amigos, afinal, ela era uma supermãe que ocupava o lugar central da vida familiar. Passados dez meses, vem o dia da descoberta de *matzeiva* – descoberta do túmulo –, em que há rezas, e se retira um pano preto que cobre túmulo. Havia nos familiares uma curiosidade quanto ao que estava escrito, pois por recomendação da falecida ninguém podia saber. Para isso, ela havia entregue um envelope ao filho mais velho, para entregar fechado a quem fosse fazer seu túmulo, com os dizeres que deveriam constar na pedra. Desejo de morto tem que ser respeitado. O rabino, seguindo o ritual, chama o filho para retirar o pano, e todos então podem ler, finalmente, as últimas palavras da mãe: "Agradeço a todos os familiares queridos que tanto amei e me amaram. Entretanto, eu bem que avisei que estava me sentindo mal". A queixa das mães expressa a dificuldade de se adaptar ao crescimento dos filhos, à passagem do tempo. Os filhos da *idishe mome* criaram as histórias, e assim brincam com suas exigentes mães, ganhando prazer com as piadas. O humor é isso: ele transforma uma seriedade tensa em um brinquedo infantil com o qual é possível se divertir.

Hoje, muitos estão mal-humorados com as tristes notícias do nosso Brasil. Tudo leva a crer que muitos outros descobrirão que há motivos para tantas queixas e críticas. Todo o dia os noticiários são deprimentes, sobram tristezas e faltam alegrias. Choramos com um olho e nos esforçamos para sorrir com o outro. No último carnaval pré-pandemia, as escolas de samba Mangueira e Paraíso do Tuiuti tiveram como tema os rebeldes de nossa História, que lutaram contra as injustiças sociais. As escolas de samba dançam, cantam e assim expressam sua arte. Algo semelhante fez o escritor judeu russo Isaac Babel, em seu conto "O Rabi": "Motivos para queixas qualquer idiota tem, difícil é levantar o véu da existência com alegria". Levantar o véu da existência com alegria é uma conquista, talvez seja uma das maiores conquistas. (AS)

IMAGINAR O AMANHÃ

Felicidade, brevemente

*A perfeição é a morte. Não seria isto a mais dolorosa
certeza de nossa imortalidade?*
HILDA HILST

Felicidade, brevemente ...Felicidade, brevemente ...Felicidade, brevemente ... Escutamos aí uma pulsação, síncope que nos indica uma espécie
de queda e de vertigem entre uma palavra e outra. Intervalos que mostram a vida tomando forma nos pequenos espaços que surgem entre um
antes e um depois. No final da felicidade, uma pequena vírgula que marca
um tempo (brevemente). Esperança, portanto, pois é dali que podemos
retornar à felicidade como lembrança e expandir então este intervalo de
tempo. Sabemos que estamos definitivamente circunscritos a viver entre
dois pontos: o início e o fim. Destes dois pontos, sabemos racionalmente
sobre seus limites, mas não o vivemos enquanto tal. O infinito insiste em
ambos os lados. Da origem: a multiplicidade de ficções que construímos e
que nos fazem poder ser tantas coisas tantas quanto podemos imaginar.
O que somos também está lá vivo antes de nascermos, pois os que foram
antes de mim e dos quais me reconheço como herdeiro também dizem do
que sou, e o futuro tem a extensão do narcisismo.

Um dia recebi para uma primeira entrevista em meu consultório
uma jovem de 23 anos. Ela bateu na porta impacientemente e já no
som seco e insistente das batidas percebi e pressenti seu desespero. Ao abrir a porta, ela literalmente desabou em minha sala. Tudo
parecia fora do lugar: seus gestos, seu olhar, sua palavras, sua respiração. Imediatamente também me senti um pouco fora de foco. Ela
lembrava muito o personagem do filme de Frank Capra, *A felicidade
não se compra*, que havia morrido e queria voltar à vida a todo custo,
pois não suportava presenciar a sua vida sem ele. Ela tremia como se
o contorno do seu corpo estivesse indeciso de qual forma tomar. As
primeiras palavras e a história que começou a me contar justificaram, em parte, o que eu estava ali presenciando. Embora anos e anos
de muito sofrimento, segundo ela desde que nasceu, era a primeira
vez que procurava alguém para falar.

ABRÃO SLAVUTZKY • EDSON LUIZ ANDRÉ DE SOUSA

Mas não é desta história que quero aqui compartilhar. Quero apenas evocar um pequeno detalhe que aconteceu no final desta primeira sessão e que mostra um dos desenhos possíveis de nossa relação ao tempo: o desespero. No final do nosso encontro, ela diz que comprou um pequeno livro com a esperança de encontrar ali algo que a ajude. Ela me revela, de forma tímida e quase sussurrando, que trouxe o livro com ela dentro da bolsa. Peço então para ela me mostrar o livro. Ao ler o título, fiquei muito comovido, pois percebi que estava ali impresso tudo que ela precisava: A felicidade, desesperadamente. Perguntei se ela havia lido o livro e ela disse que não conseguia. Estava com ele para lá e para cá há semanas e não ousara abrir a primeira página. Brinquei com ela que o título já era suficiente, ou seja, queria apontar que a leitura já tinha começado. Claro, leitura breve, mas até aquele ponto suficiente. A leitura, portanto, está ali contida na capa, pois a leitura até a ultima página poderia perturbar a esperança que o livro promete. O texto que vai se ler, como sabemos, é bem diferente da leitura que efetivamente realizamos. Como as viagens.... Fui então comprar o livro de André Comte –Sponville, pois queria saber o que ela encontraria quando tivesse coragem. O argumento do livro pode ser resumido, grosseiramente é claro, no que o próprio autor escreve na orelha do livro: *"Como eu seria feliz se fosse feliz! Esta fórmula de Woody Allen talvez diga o essencial: estamos separados da felicidade pela própria esperança que a persegue. A sabedoria, ao contrário, seria viver de verdade, em vez de esperar viver. É aí que encontramos as lições de Epicuro, dos estóicos, de Spinoza ou, no Oriente, de Buda. Só teremos felicidade à proporção da desesperança que seremos capazes de atravessar. A sabedoria é isso mesmo: a felicidade, desesperadamente"*.

Li então o livro antes de minha paciente e temo que ela efetivamente vai se frustrar quando chegar à última página, se algum dia puder chegar. Isto não significa que o livro não seja bom, pelo contrário, é um belo livro, mas há uma aposta excessiva na força da razão como guia para a vida. Segue, portanto, a tradição grega, que pode ser resumida na resposta que Epicuro dá à pergunta sobre o que é a filosofia. Ele diz em um de seus fragmentos: "A filosofia é uma atividade que, por discursos e raciocínios, nos proporciona uma vida feliz" [71]. É esta também a perspectiva que desenvolve Santo Agostinho em suas *Confissões*, quando trata

---

71 COMTE-SPONVILLE, André (2001). *A felicidade, desesperadamente*. Martins Fontes, São Paulo, p.7.

do eudemonismo radical. A expressão que ele utiliza para definir a felicidade é justamente "a alegria que nasce da verdade".

Mas a pedra no sapato é que o sujeito não está todo contido na razão. Se as forças dos argumentos fossem suficientes para nos proteger da dor de viver, os filósofos seriam os guias espirituais de nosso tempo. Não o são, o que não diminui em nada sua importância como eternos provocadores do pensamento e guardiões de uma racionalidade que não podemos, obviamente, desconsiderar. Contudo, há uma descontinuidade estrutural entre pensar e ser e que Freud definitivamente inscreveu na história da humanidade ao colocar em cena o conceito de inconsciente. Assim, o *penso logo sou* que marcou séculos da história do pensamento foi em parte deslocado pela provocação freudiana e que foi renomeada por Jacques Lacan: sou aonde não penso, e onde penso não sou. Em outras palavras, mostrou a condição de resistência do pensamento, que em muitos momentos nos protege da ação.

E quantas vezes agimos exatamente no polo oposto do que pensamos, o que vem nos revelar que há outro pensamento que é preciso deduzir a partir de nossos atos. Há uma belíssima imagem que Schopenhauer propõe no seu ensaio precioso *A arte de ser feliz*. Este pequeno manual foi encontrado entre seus papéis póstumos e foi durante muito tempo negligenciado. O organizador da obra, Franco Volpi, se pergunta o que teria levado a um tal esquecimento. Um primeiro argumento, ironiza ele, é de que ninguém iria querer aprender felicidade com um professor de pessimismo. Contudo, o fator mais importante talvez tenha sido a condição de inacabado do projeto. Schopenhauer deixou muitas anotações para este livro em inúmeros cadernos e papéis dispersos, anotações estas feitas em períodos bem distintos em sua vida. Como vocês sabem, o projeto similar a este e que o ocupou muito mais foi a *A arte de ter razão*. Podemos concluir, portanto, que a felicidade só pode ser escrita de forma dispersa e fragmentada. São 50 máximas apresentadas. Na terceira, ele propõe uma imagem que me deteve. "*Assim como o caminho que percorremos fisicamente sobre a terra é apenas uma linha e não uma superfície, na vida, quando queremos agarrar e possuir algo, devemos deixar muitas coisas à direita e à esquerda e renunciar a diversas outras. E se não soubermos lidar com tal fato e, ao contrário, tentarmos pegar tudo o que nos atrai pelo caminho, como crianças na feira, é porque temos a aspiração insensata de transformar numa superfície a linha de nossa vida;*

corremos , então, em ziguezague, vagando aqui e ali como fogos-fátuos e não conseguimos nada". [72]

Querer inflar a linha e expandi-la para todos os lugares é como o equilibrista de pratos que, no esforço de não deixar cair nenhum, é ele mesmo que cai. Ora, o que podemos deduzir daí é que a felicidade depende de um certo esclarecimento de saber o que se quer e saber o que se pode. Mas então, como chegar a isto? Temos, infelizmente, algumas complicações pela frente, já que o que o se quer não é exatamente o que se deseja. O que desejamos é a nossa zona de sombra, nosso lado obscuro, nosso enigma. A relação que estabelecemos com o desejo é paradoxal, já que ele vem sempre desvelar um desconhecido que nos desequilibra. É o que nos mostra a artista norte-americana Jenny Holzer com seus eloquentes luminosos "Proteja-me do que eu desejo". Andar por esta linha suspensa no espaço, como no circo fazem os equilibristas, é o desafio do desejo. Abrimos os braços, ou seguramos uma longa barra na busca de alguma superfície, mas ali no vão central do circo a única consistência é a própria linha. Mas não nos desesperemos tanto. Para os que eventualmente caem, pois estamos sempre caindo, há algumas vezes uma rede de proteção. Assim temos a chance de subir novamente e tentar de novo. Esta é a repetição que a vida nos lança: os pequenos trechos antes da queda são estas felicidades brevemente.

Estas imagens do equilibrista me fazem lembrar o filme de Patrice Leconte, *A garota da ponte,* com Vanessa Paradis e Daniel Auteuil. No inicio do filme, o desespero da garota é focado nos seus pés, que se equilibram no parapeito da ponte antes do salto mortal. Ela se joga. É salva por um atirador de facas que costumava ir buscar suas ajudantes entre as suicidas. Ele propunha a elas uma outra experiência do limite, do risco e de diálogo entre vida e morte. As convidava para trabalhar com ele, servindo, portanto, e alvo vivo para suas facas. Teriam a chance de ter a linha do corpo delineada pelo contorno dos golpes rentes das facas. [73]

---

72 SCHOPENHAUER, Arthur. (2001) *A arte de ser feliz,* Martins Fontes, São Paulo, Organização de Franco Volpi, p. 15.

73 Neste ponto vale evocar o trabalho de performance de Milton Machado, *O homem muito abrangente,* apresentado no Instituto Tomie Ohtake, em 2002. Trata-se, justamente, de uma reflexão sobre os contornos do corpo e o lugar do sujeito. Milton Machado convida um atirador de facas na noite da abertura, que joga dezenas de facas na direção do contorno de seu próprio corpo.

O contorno e a linha recortam um espaço. A finitude corta o tempo. Estas imagens nos conduzem para um encontro que ficou registrado em um pequeno texto de Freud, de 1915, e que se chama *Transitoriedade (Vergänglichkeit)*. Freud relata neste texto que passeava em um campo florido com um amigo taciturno e jovem poeta. Este admirava toda aquela beleza, mas o preocupava a ideia de que todo aquele esplendor ia desaparecer no próximo inverno, como toda a beleza humana. Isto o impedia de usufruir o prazer que aquele momento oferecia. O que Freud contesta ao jovem poeta é que o transitório não implica na perda de valor. Pelo contrário, a qualidade do transitório traz um incremento de valor, já que as limitadas possibilidades de gozá-lo o tornam tanto mais precioso. Escreve Freud: "*Uma flor não nos parece menos esplêndida se suas pétalas só estejam viçosas durante uma noite*". Insiste, portanto, que a sensação de beleza não deve se condicionar à permanência no tempo. Este poeta, vamos saber depois, era Rainer Maria Rilke. Para nossa sorte, com este desespero Rilke deixou uma obra e eu seria tentado a dizer que as palavras de Freud não foram em vão e que jovem poeta, quando escreve, pensa como Freud sobre este ponto.

Vejamos um fragmento do célebre poema de Rilke, *As Elegias de Duino*:

O sentir em nós, ai, é o dissipar-se –
exalamos nosso ser; e de uma a outra ardência
nos desvanecemos. Alguma vez nos dizem:
"circulas no meu sangue, este quarto, a primavera,
estão cheios de ti". Inutilmente procuram nos reter.
Evolamos. E aqueles que são belos, oh, quem os deteria?
A aparência transita sem descanso em seu rosto e se dissipa.
Tal o orvalho da manhã e o calor do alimento, o que é nosso flutua e
*   [desaparece.*
ó sorrisos, para onde?
E tu, olhar erguido, fugitiva onda ardente e nova do coração?
Ai de nós, assim somos.
Estará o mundo impregnado de nós, pois que nele nos perdemos?" [74]
O mundo recolhe o que vamos deixando pelo caminho, os restos, as

---

[74] RILKE, Rainer Maria. (1984) *Elegias de Duíno*, Tradução de Dora Ferreira da Silva, Editora Globo, Porto Alegre, p.9.

sobras, o que cai de nossas mãos. Portanto, parece ser essencial o que vemos no final de *Amores Perros*, filme de Alejandro Gonzáles Iñárritu: "Somos também aquilo que perdemos". Poder perder é uma forma de construir um outro horizonte, e esta arte de ser feliz é hoje em dia cada vez mais difícil, já que nos vendem a ideia de que quanto mais consumirmos, mais felizes seremos. E como consumo me refiro não só a bens materiais, mas a formas de vida, informações, hábitos. Voltemos a Schopenhauer, em outra de suas máximas:

> Um homem não se sente totalmente privado dos bens aos quais nunca sonhou aspirar, mas fica muito satisfeito mesmo sem eles, enquanto outro que possua cem vezes mais do que o primeiro sente-se infeliz quando lhe falta uma única coisa que tenha desejado. A esse respeito, cada um tem também um horizonte próprio daquilo que lhe é possível atingir, e suas pretensões têm uma extensão semelhante a esse horizonte.[75]

Aqui entramos no terreno da temperança, da justa medida, da recusa do excesso. Este é um dos eixos de argumentação de Aristóteles em seu texto *Ética a Nicômaco*, onde entre outros temas trata da felicidade. Aristóteles é categórico ao dizer que há unanimidade de que o bem maior que podemos alcançar é a felicidade. A diferença se estabelece no que cada um entende por felicidade. Uma pista importante é a diferença que ele estabelece entre posse e uso e entre estado de ânimo e o agir. Como ele argumenta, pode existir o estado de ânimo improdutivo (como o homem que dorme ou que permanece inativo). A atividade virtuosa deve agir e agir bem. Podemos pensar aqui na criação como aposta, também, de felicidade. Como diz João Cabral de Melo Neto, "Mais vale o inútil do fazer do que o inútil do não fazer". O que nos joga para a ação é o *brevemente*. Portanto, brevemente implica uma responsabilidade, uma consciência da finitude, uma aposta na atividade, algo que depende de nós, já que o eternamente nos coloca numa certa passividade. Aristóteles lembra que nos jogos olímpicos não são os mais belos e mais fortes que conquistam a coroa, mas o que

---

[75] SCHOPENHAUER, Arthur. (2001) *A arte de ser feliz*, Martins Fontes, São Paulo, Organização de Franco Volpi, p. 26.

competem (pois é dentre estes que hão de surgir os vencedores). Também as coisas nobres e boas da vida só são alcançadas pelos que agem retamente. Assim nos poupamos da eterna queixa melancólica de tudo que não tivemos acesso porque não tivemos a coragem de ir abrir a porta que dava para o roseiral, como escreve T.S.Eliot no início de seus *Four Quartets*.

Para finalizar, três outros apontamentos preciosos de Schopenhauer e que podem funcionar como indicações sobre o caminho a seguir neste desafio de conquistar a felicidade, portanto, uma espécie de autoajuda erudita:

• "Não permitir a manifestação de grande júbilo ou grande lamento com relação a algum acontecimento, uma vez que a mutabilidade de todas as coisas pode transformá-lo completamente de um instante para outro; em vez disso, usufruir sempre o presente de maneira mais serena possível: isto é a sabedoria da vida". Schopenhauer vai, portanto, sublinhar que normalmente fazemos o contrário. O presente é, por vezes, negligenciado pelos movimentos que fazemos em relação aos planos do futuro e as saudades do passado.

• Planos na altura de suas condições. Como lembra Horácio: "Por que cansas com propósitos imortais o espírito que é tão inferior?" Schopenhauer diz que uma das maiores e mais frequentes tolices consiste em fazer grandes planos para a vida, qualquer que seja a sua natureza. A vida é curta demais para tais planos, uma vez que a sua realização sempre exige muito mais tempo do que se imaginava. Em parte ele tem razão, pois muitas vezes esperamos tanto por algo que quando conseguimos parece que chegam tarde demais. Nem sempre conservamos na vida a mesma capacidade, nem para agir, nem para usufruir, nos lembra o filósofo. Há algo de paradoxal nesta espera, mas em algumas situações o futuro é uma espécie de morte, me disse certa vez Evgen Bavcar. Schopenhauer, nesta mesma argumentação, deixa uma brecha onde podemos, de alguma forma, incluir as imagens utópicas. "O motivo desse erro freqüente reside na ilusão natural, em virtude da qual a vida, vista desde o seu início, parece sem fim, ou então extremamente breve, quando considerada restrospectivamente a partir do final do seu decurso. Essa ilusão tem, sem dúvida, o seu lado positivo: sem a sua existência, dificilmente haveria de se realizar algo de grande".

• Precisamos, portanto, de tempo livre para usufruir a riqueza interior. Se isto lhe bastar, escreve Schopenhauer, essa pessoa será realmente a mais feliz das criaturas.(ES)

Sonhar juntos para não naufragar

> *É a esta incompreensão que eu me dirijo sempre*
> MARGUERITE DURAS

> *Alguém deve deixar alguma coisa para trás quando morre, dizia o meu avô. Um filho, ou um livro, ou um quadro, ou uma casa, ou uma parede construída ou um par de sapatos feitos à mão. Ou um jardim plantado. Alguma coisa em que a nossa alma tenha para onde ir quando morremos e, quando as pessoas olharem para essa árvore ou flor que plantamos, nós estamos lá.*
> RAY BRADBURY, Fahrenheit 451

Aschraf Sabir, jovem marroquino de 16 anos se lançou no mar mediterrâneo para tentar chegar na Espanha, em maio de 2021. Conseguiu nadar até a ilha de Ceuta enrolado em garrafas plásticas. Seu projeto foi abortado pela polícia que não soube reconhecer seu feito heroico de buscar uma vida melhor. Ele foi abandonado pela mãe, e anos depois, perdeu sua mãe adotiva. A força que precisou ter para vencer este desafio e não naufragar certamente veio do sonho por uma vida melhor.

Sonhar é também uma travessia e poder se conectar um pouco mais com os mapas destas narrativas podem abrir novos caminhos na vida. Desde o início da pandemia participo de um coletivo de pesquisa que nomeamos Inventário de Sonhos,[76] com o objetivo de recolher sonhos durante a pandemia. Já temos um acervo de cerca de 1300 sonhos, que são uma espécie de sismógrafo precioso destes tempos traumáticos que vivemos. Muitas destas narrativas ativam imagens que nem sempre queremos ver quando estamos acordados e assim parecem seguir a indicação de Goethe em suas *Afinidades eletivas* quando escreve que o sujeito sonha apenas para não deixar de ver. Compartilho um dos sonhos deste Inventário que dialoga muito de perto com a experiência radical do jovem Sabir.

"Estava eu tentando atravessar a fronteira para algum outro país, e não conseguia de jeito nenhum. Nem por via terrestre, e nem por via

---

[76] Fazem parte desse projeto André Costa, Caroline Mortagua, Denise Mamede, Edson Luiz André de Sousa, Joana Horst, Luciano Bregalanti e Paulo Endo.

fluvial. Tentei duas vezes me esconder em um barco. Senti-me uma refugiada fugitiva. Era caçada por guardas da fronteira que vasculhavam os barcos à procura dos grupos que tentavam entrar nesse outro país. Várias pessoas tentavam atravessar a fronteira, mas cada um tinha de se virar por si depois de colocadas nos barcos... Capturadas pelos guardas, eram mandadas de volta à terra de origem. Muito angustiante"[77]

A evocação de Ray Bradbury que abre este texto é para nos lembrar que diante de tantos naufrágios encontramos sempre formas inéditas de resistência, de luta e de revolta. Na distopia de Bradbury os livros deveriam ser queimados, mas algumas pessoas trabalhavam para salva-los com um trabalho de memória. O romance *Fahrenheit 451* dá estofo a uma ideia que tenho pensado há algum tempo e que nomeei como memoriais minimalistas. Em outras palavras, na falta de uma política de Estado que cuide da memória, somos convocados, um a um, a inventar novas formas de fazer inscrição dos traumas que vivemos. Só assim teremos uma memória digna para um futuro efetivamente autêntico e não mera reprodução do vivido. Virar a história em seus avessos, enfrentar os imperativos do sentido, ativar a imaginação, acionar a deriva significante será sempre uma forma de abrir uma chance para novas narrativas, o que significa dizer, para novas realidades. Esta é a seiva profunda plantadas tantas vezes no campo da artes, que capturam as cinzas destes incêndios e nos jogam em nossos olhos para que possamos ver e reagir às feridas de nosso tempo. Também encontro esta seiva na psicanálise na medida em que ela está sempre confrontada com a função de arejar a terra desconhecida que nomeamos de inconsciente, um lugar de incompreensão que temos sempre que escutar. A arte nos coloca diante de perguntas interpelando sobre qual o texto que lemos quando vemos uma imagem. Coloca em cena uma espécie de ruído e perturbação na imagem nos mostrando que o que vemos depende sempre de uma posição discursiva.

O fogo não para. No final de maio de 2021 garimpeiros ilegais invadiram uma aldeia indígena nas margens do rio Tapajós, no Pará, atacando a tiros e incendiando a casa da líder indígena Maria Leusa Munduruku. Ela tem sido ameaçada de morte por lutar pelo direitos de sua comunidade poder viver em paz em suas terras. Inimaginável o tamanho do desamparo que ela experimenta nestes tem-

---

77 Acervo do Inventário de Sonhos.

pos em que a destruição é a moeda corrente. Mas apesar de tudo, Maria Leusa não se cala e assim sua voz, sua força nos trazem a esperança que precisamos para um trabalho árduo de reconstrução nestas terras devastadas. Todos que trabalham para fazer algum registro destas histórias, ocupando assim a importante função de testemunha, abrem algum caminho possível no enfrentamento de todas estas violências.

Estamos atravessando uma experiência da peste, para lembrar aqui a atualidade do texto de Albert Camus, que tem nos tirado o chão. A contaminação se dá em vários níveis e talvez o vírus da Covid-19 não seja o mais letal. Uma primeira contaminação se dá no campo da linguagem, infectada por um discurso da estupidez que parece ter tomado conta do espírito deste país. Estamos assistindo atônitos uma verdadeira hemorragia dos princípios que regem a linguagem, linguagem que a psicanálise desde sempre acolheu no seu trabalho de escuta do sofrimento humano. Vemos ruir nos discursos dos tiranos de plantão a função do significante cujo valor é justamente suspender os sentidos absolutos, a força da metáfora, o tensionamento constante entre o dito e o dizer. Inaugurou-se de forma assustadora uma relação à linguagem que se dissemina em um espaço de vociferações e discursos de ódio. São falas que surgem de forma imperativa em que, aquele que fala, tenta impor ao outro, a forma como deve ser escutado. Neste sentido qualquer coisa pode ser dita já que há uma única mensagem a ser escutada. Em outras palavras, constatamos um empobrecimento radical da linguagem quando estratégias como estas se instauram no espírito do tempo.

Os sonhos nos abrem novos recursos de linguagem. Franz Kafka anota em seu diário um sonho que teve em 4 de julho de 1916. "Acordei encerrado num quadrado formado por uma cerca de madeira e que não permitia dar mais do que um passo para cada lado. Há cercados semelhantes para encurralar ovelhas à noite, mas nem esses são tão estreitos. O sol batia direto em mim, e para proteger a cabeça baixei-a junto ao peito e ali fiquei encolhido" [78]

Os sonhos são produções psíquicas que tentam abrir caminhos mesmo quando nos mostram espaços confinados como neste sonho

---

78 KAFKA, Franz. *Sonhos*. Editora Iluminuras, São Paulo, 2008.

de Kafka. Surgem como uma gramática enigmática que exigem um trabalho de leitura, de associação, de imaginação, de memória nos colocando perguntas sobre que texto é este que fala em nós, com tantas imagens surpreendentes. Temos, portanto uma chance de abrir brechas nos espaços confinados que muitas vezes a vida nos joga. Contudo, mais trágico que este sonho de Kafka é estar efetivamente neste quadrado e nem mesmo sonhar. O sonho surge, portanto como um despertar, um sinal, um alerta, um chamamento, um esforço de linguagem, uma senha, um registro. Como lembrou Freud o sonho surge como uma formação do inconsciente colocando em questão os lugares de fala do sujeito, desde onde fala, desde onde é falado, deslocando o falante de uma suposta posição de domínio e de controle pela consciência.

A arte é também uma espécie de sonho ao nos abrir novas imagens, novas palavras, novas leituras sobre o mundo. Vejamos aqui mais dois relatos de sonhos do Inventário que nos ajudam a entender a radicalidade da experiência de contato com a morte que estamos tendo durante a pandemia e ao mesmo tempo as estratégias que encontramos de criação para reagir diante deste trauma.

> Sonho 1[79]
> "Eu sonhei com a morte encarnada. Ela deveria buscar um ser de cada casa que visitava. Com tanto trabalho, ela me deixou responsável por embalar e nutrir seu bebê. Eu estava sentada de frente para aquele ser cujo gênero eu não pude descobrir. A Morte me entregou o bebê que parecia ter poucos dias de vida. Junto dele um vidro de uma sinergia de óleos. Com o líquido dourado, eu deveria ungir a criança que estaria protegida da colheita da sua progenitora. Eu, que nutria o bebê, achei justo me proteger com o mesmo óleo, mas não comentei com a Morte minhas intenções. Ela se levantou e deixou minha casa pela porta. Por alguns segundos, enquanto a morte fechava a porta, pude ver do lado de fora o caos alaranjado de casas sobrepostas que lamuriavam a visita que estava por vir..."

---

79 Acervo do Inventário de Sonhos.

Sonho 2[80]
"Eu estou em outra cidade dentro de um cemitério, está de dia, existe várias covas abertas no chão, algumas delas tem caixão com corpos, outras estão vazias, eu vou passando por todas elas, até chegar em um túmulo que eu reconheço, o túmulo da minha família, ele também está aberto, eu olho dentro dele está minha prima, apenas com a cabeça pra fora e um pouco de terra em cima dela. E do outro lado na beirada deste mesmo túmulo está minha vó (ambas pessoas realmente já faleceram), vestida de preto, mas ela está bem serena e me olha, eu começo a chorar, abraço ela mas não consigo finalizar o sonho, pq em seguida já entra outro onde estou em uma multidão de pessoas e isso vai me dando desespero..."

Os dois sonhos se aproximam da morte para ainda assim encontrar a vida lembrando, de certa forma, a tese de Freud de que a experiência de luto é um trabalho de criação, um esforço para reacender a vida pois precisamos encontrar espaço na linguagem que possa circunscrever a experiência da falta. A morte no primeiro sonho tem um bebê e confia o cuidado da criança ao sonhador. É assim que o sonhador encontra uma forma de sobreviver ao passar o líquido dourado que irá lhe proteger. No outro sonho, dentro do cemitério os mortos ainda podem nos olhar. A avó incorpora o lugar da memória, que mesmo soterrada, continua a nos enviar mensagens e nos reorientar em relação às nossas origens e às histórias que nos constituem.

Vemos nestes dois sonhos uma insistência da vida resistindo ao silenciamento imposto pela lógica da morte. As vozes continuam contando suas histórias mesmo quando apagadas, como no trabalho do artista Gary Hill, *Mediações* (1986). Neste trabalho em vídeo ouvimos uma narração vinda de um autofalante e pouco a pouco esta voz vai sendo enterrada com a areia que o artista vai lentamente colocando sobre o autofalante. Mas a força da voz é forte o suficiente para continuar viva mesmo quando completamente coberta de areia. Este trabalho aciona ao mesmo tempo um pensamento sobre políti-

---

80 Acervo do Inventário de Sonhos.

cas de memória que fazem justamente o movimento contrário que é desenterrar estas vozes. A arte desenha assim uma narrativa possível diante do horror do traumático.

Nuno Ramos também dá forma a este pensamento com sua performance em parceria com Paulo Climachauska, de 2002, e que intitulou *Luz negra*.

Vemos neste trabalho quatro homens enterrarem um enorme caixa de som, como se fosse um grande caixão. Tudo é feito em silêncio e delicadeza como numa cerimônia fúnebre. O silêncio, contudo é rompido com a música de Nelson Cavaquinho que começa a tocar por baixo da terra e os versos que ouvimos são precisos.

"Um sol há de brilhar mais uma vez
A luz há de chegar aos corações
Do mal será queimada a semente
O amor será eterno novamente
É o juízo final
A história do bem e do mal
Quero ter olhos pra ver
A maldade desaparecer" [81]

Esta obra é de uma atualidade impressionante para os tempos traumáticos em que vivemos no Brasil, no qual a política incorporou o ódio como estratégia de dominação. Diante de tantos desamparos, fazemos aqui um esforço de palavra para que algum campo de pouso seja possível nestas quedas. A psicanálise tem muito a contribuir para pensar uma política que adense estes registros e monumentos de memória. Quando Paul Celan escreve o verso "O mundo esta partido, devo carregar-te" indica nosso compromisso com esta memória. Derrida, em um ensaio que intitulou *Como não tremer?*, lembra que em alemão *tragen*, (carregar-te) é um termo usado na gestação, a mãe que carrega um nenê que ainda não tem apoio no mundo. Assim, carregamos os que não têm ainda apoio ou o perderam como no luto, ao carregar as histórias que testemunhamos.

Na travessia da pandemia muitos já naufragaram. Temos todos o dever de testemunhar por aqueles que tiveram suas vidas interrompi-

---

81 *Juízo final*, canção de Nelson Cavaquinho e Élcio Soares (1973).

das violentamente. Precisamos ter força e continuar ativando esperanças autênticas e nosso direito a viver em um país mais solidário, mais tolerante, que respeite as diferenças e não destrua o que temos de mais precioso, nosso direito a imaginar novos futuros. (ES)

Sobre os autores

ABRÃO SLAVUTZKY (AS) é psicanalista e psiquiatra, formado em Buenos Aires e em medicina pela Universidade das Ciências da Saúde de Porto Alegre, secretário científico da Instituição Médico-Psicológica de Oro BsAs. Autor dos livros: *Psicanálise e cultura*. Rio de Janeiro: Vozes, 1983; *Para início de conversa*, com Cyro Martins, Movimento, 1990; *Quem pensas tu que eu sou?* Ed. Unisinos, 2009; *Humor é coisa séria*, Arquipélago, prêmio Açorianos de Humanidades, 2014.

Organizador dos livros: *História, clinica e perspectiva nos cem anos de psicanálise*, com Cesar Brito e Edson Luiz André de Sousa, editora Artmed, Porto Alegre, 1996; *A paixão de ser – ensaios e entrevistas sobre a identidade judaica*, Artes e Ofícios, 1998; *A invenção da vida: arte e psicanálise*. Porto Alegre: Artes e Ofícios, 2001, com Edson Luiz André de Sousa e Elida Tessler; *O dever da memória, 60 anos do levante do gheto de Varsóvia*, Editora AGE, Porto Alegre, 2003; *Seria trágico... se não fosse cômico – humor e psicanálise*. Rio de Janeiro: Civilização Brasileira, 2005. Colaborador do jornal *Zero Hora* desde 2001 e no site PPD, Psicanalistas pela Democracia.

EDSON LUIZ ANDRÉ DE SOUSA (ES) é psicanalista, analista membro da Associação Psicanalítica de Porto Alegre, professor titular aposentado do Instituto de Psicologia da UFRGS, Pós-Doutorado e Doutorado pela Universidade de Paris VII, Pós-Doutorado pela EHESS (Ecole des Hautes Etudes en Sciences Sociales em Paris). Professor visitante na Deakin University (Melbourne), Instituto de Estudo Críticos (Cidade do México), De Paul University (Chicago), University of Limerick (Irlanda). Foi pesquisador do CNPQ . Coordena, junto com Maíra Brum Rieck, o Museu das Memórias (In)possíveis (APPOA), participa do coletivo Palavra Aberta (APPOA) e é colaborador do site PPD (Psicanalistas pela Democracia).

Autor dos livros *Freud*, Editora Abril, São Paulo, Coleção Para saber mais, 2005; *Uma invenção da utopia*, Lumme Editora, SP, 2007; *Sigmund Freud: ciência , arte e política*, em co-autoria com Paulo Endo, LPM, Porto Alegre, 2009, Organizou os livros: *História, clinica e perspectiva nos cem anos de psicanálise*, com Abrão Slavutzky e Cesar Brito, editora Artmed, Porto Alegre 1996; *Psicanálise e colonização – leituras do sintoma social no Brasil*, Editora Artes e Ofícios, POA, 1999; *A invenção da vida: arte e psicanálise*, com Abrão Slavutzky e Elida Tessler, Artes e Ofícios, POA, 2001; *Psicanálise: ensaios brasileiros contemporâneos*, com Luis Celes e Tania Rivera, Funarte RJ, 2017.

www.diadorimeditora.com.br

 Facebook.com/diadorimeditora

 @diadorimeditora

Impresso em outubro de 2021 nos
cinco anos da Diadorim Editora
Fontes
Alegreya
Alegreya SC